小さな家を建てる。

豊かな住まいをつくる60のヒント

若原一貴

はじめに

いまこの本を手に取ってくださっているのは、これから家を建てようと思っている方でしょうか。あるいは設計事務所や工務店の方、建築を勉強中の学生さんかもしれませんね。この本は、一般の方にも建築関係の方にも読んでいただきたいと思って上梓した、私の初めての著書です。

これまで住宅を中心とした建築設計に25年間携わってきました。そのほとんどが、建坪10坪前後の小さな家です。それらの事例を、この1冊にまとめました。

設計を依頼される方でいちばん多いのは、小さなお子さんがいる30代のご夫婦。建売住宅やメーカー住宅のお仕着せのプランではなく、希望を生かした自分らしい住まいをつく

りたいとの想いで、小さな家を選択されます。

また、リタイヤ後を見据えたシニア世代からの設計依頼も増えています。年齢とともに生活スタイルが変わるのを機に、身の丈に合った小さな住まいで第二の人生を送りたい、と考えて来られます。

今、都市部で家を建てたくても、建物そのものより土地の値段が高すぎる。一般的にイメージする「庭付き一戸建て」なんて庶民にはとても無理。そう諦めてしまう人が多いのではないでしょうか。

でも、私が手がける小さな家は、場所は都市部やその近郊、建主はふつうのサラリーマンの方がほとんどです。小さな土地を購入し、満足度の高い小さな家を建てる。この選択肢に目を向ければ、ファミリータイプのマンションと同程度の金額で、一戸建てがかなうことを知っていただきたい。

小さな家を建てる。

とはいえ、小さな土地は隣家と密接していたり、日当たりが悪かったりと、設計には難条件だらけです。その難題を、独自の建築的手法でクリアし、小さくても豊かに心地よく暮らせる住まいを実現させます。何ＬＤＫという部屋の集合体とはまったく違うおおらかな間取りをはじめ、素材の使い方や窓のつくり方、収納やキッチンの提案など、豊かな住まいづくりには数多くのコツがあります。本書では、これまでに培ったノウハウを60の項目に分けて紹介しています。

「そうはいっても、建築家に頼むとなるとかなりお金がかかるのでは？」といった心配は無用です。できるだけ予算の範囲内で、希望を取り入れた設計を考えます。建築家に頼むときに懸念されがちな、好きなようにつくられてしまうとか、過剰な追加工事費を請求されたりすることはありません。

家づくりは設計者と建主との二人三脚。お

互いが信頼感をもって進めていくことが大切です。そして、一生に一度の家づくりをおおいに楽しんでいただきたい。予算が限られているからあれはできないこれは諦めて……というのではなく、建主のこだわりに添った「予算のかけどころ」を見極めて、「小さくても質のよい住まい」をつくり上げる。これが家づくりを託された建築家たる使命です。

本書は、一般の方が読みやすいように、専門的な言葉は極力使わず、建築図面も最低限としました。目次の項目をご覧になって、気になったところから拾い読みしてくださってかまいません。いろいろな家の暮らし方が覗ける楽しさもあります。「へえ、こんなつくり方暮らし方があるのか！」。そんな新鮮な発見がきっとあるはずです。

――若原一貴

建坪10坪でも豊かに暮らせる

1

「小さな家」と聞くと、狭い・窮屈・暮らしにくそう、とマイナスイメージをもつ人がいるかもしれません。しかし今、新たな価値感をもって「大きな家は必要ない」と考える人が増えつつあります。

その価値観とは、ものをたくさん持たずに暮らす快適さ。ものの豊かさがイコール人生の豊かさにつながるわけではない、という発想です。

この新しい価値観にふさわしい住まいが、これから紹介する「小さな家」。ハウスメーカーや建売りの小規模住宅とは、コンセプトがまったく違います。たとえ建坪10坪前後でも、のびのびとおおらかに暮らせる設計です。

家族が楽しく心地よく集えるダイニングを中心に、どのスペースもフレキシブルにムダなく使うことができる間取り。素材は自然素材を使い、住むほどに美しい風合いが増していきます。無垢の木の上質なテーブルやベンチも一緒につくります。

光の美しさが存分に感じられることも魅力。たとえ住宅密集地でも窓のとり方を工夫して、心やすらげる光の明暗をつくり出します。長く住んで老いていく家ではなく、家族の変化を柔軟に受け止め、経年美を楽しめる住まいです。

予算がないから仕方なく小さな家を建てる、というネガティブな観念は過去のもの。建築の手法を駆使して、小さくても大きく豊かに暮らせる住まいをつくり上げます。

自分らしい人生が送れる

「家づくりって、家族のルールづくりなんですよ」。設計のスタート時に、私がまず建主にいう言葉です。

「家族のルール」とは、〝これからどういう暮らしをしていきたいか〟ということ。具体的な間取りの希望より、建主からいちばん聞き出したいことです。どのご家庭にも、今まで大切にしてきた習慣や、新居に望むライフスタイルがあるはず。それを設計内容に反映させることが重要です。

小さな家には、当然、あれもこれもと盛り込めませんから、優先順位をつける必要があります。すると、自分たちはなにを大切に暮らしていきたいかが、しっかりと見えてきます。

たとえば、ダイニングにテレビを置くことをやめ、代わりに薪ストーブを入れたご家族がいます。薪をくべ火を囲む穏やかな時間、ストーブ付属のオーブンでパンを焼くなど、〝ちょっと手をかけた暮らし〟を楽しんでいます。

別のご家族は、車をもたないことで、駐車場の代わりに小さな庭をつくりました。ガーデニングが暮らしの楽しみとなり、草花がご近所との交流を深めてくれています。

小さな家を「身の丈に合った家」ととらえるなら、それは規模だけを指すのではありません。あなたが大切にしていきたいことを反映させた、過不足のない、ぴったりの家をつくりますよ。いつもそう考えて設計に臨みます。

3

身軽な暮らしができる

「極小ワンルーム」と呼ばれる、都市型賃貸マンションが人気となっています。広さは10㎡前後足らず。徹底的にムダを省いた超シンプルなワンルーム空間が「合理的」、「新鮮」とシングル世代に受けています。

これを知ったとき、小さな家に通じるところがあるな、と思いました。コンパクトという点ではなく、もっと精神的な面で。「必要以上にものをもたない身軽な暮らし」に憧れている人が多いことの表れ、と感じたのです。

小さな家では、多くのものを持てませんから、住み手は自然と「ものを選び抜く」ことを実践しています。「ダイニングテーブルは無垢の木のオーダーメイドにして、大事に使い続けたい」、「食器はこれとこれを残して、処分しよう」。そんなふうに、本当に気に入ったもの、大切に思えるものだけと暮らしていくのは、とても心豊かな人生ではないでしょうか。

小さな家だからといって、決してストイックな生活を強いるわけではありません。自分の観察眼が磨かれ、生活や人生において何が必要なのか、何が大事なのかがわかってくる。ものにふりまわされない、軽やかで心地よい暮らしが約束されます。

小さな家づくりは、そんな未来図を手に入れる絶好の機会。今まで漠然と持ち続けていたものを処分して、新しい人生の舞台をつくりましょう。

家族仲よく暮らせる

平面的にも立体的にも家全体がゆるやかにつながっている。私が提案する、小さな家の間取りの基本です。

　すると、どんな暮らし方になるのでしょう。

　スペースも時間も家族で共有する場面が増えます。つまり、おのずと一緒に過ごす時間が長くなります。

　お母さんが1階のキッチンから「ごはんよー」と声をかけたとき、子どもが2階の個室に閉じこもってゲームを続ける、というわけにはいきません。小さな家は引きこもる子どもをつくらない、とも考えています。実際、お子さんがいる建主からは、「子どもが個室にいることが少なくなった」、「親子で会話する時間が増えた」との声が。小さな家は、子育てに格好の住まいなのです。

　また、いっしょに過ごす時間が増えると、子どもも含めて、「気遣い」の精神がはぐくまれます。お互いの気配を察し合い気遣い合うことで、家族のルールが自然とできあがり、仲よく楽しく暮らしていくことができるのです。
　一方で、ひとりになりたいときのために、ほどよくこもれるスペースも設けます。単に個室で分離するのではなく、適度なプライバシーが得られるのも、小さな家の間取りならではでしょう。
　これらのことすべて、大きな家では手に入れにくい、「幸せの密度が高い暮らし」といえるのではないでしょうか。

日々のストレスが減る

「掃除がラク！」。小さな家の住み手から、例外なく聞かれる言葉です。コンパクトかつ部屋が細かく仕切られていないので、ササッと短時間・短動線ですませることができます。

そう、小さな家は「家事ラクハウス」なんです。家じゅうに目が届く・手が届く住まいなので、生活管理がすこぶるしやすい。大きな家よりはるかに家事の時短がはかれますから、その分、好きなことに時間をまわすことができます。そんな点からも、「小さな家には、豊かな時間が宿る」といえます。

また、このような言葉もよく聞かれます。「ものを探しまわるストレスから解放された」と。目と手が届きやすい住まいで、厳選したものだけと暮らせば、どこになにがあるか、把握しやすい状態にしておくことができます。

大きな家にありがちな、納戸の中に入って必要なものをごそごそ探しまわる、などというムダな時間はありません。収納＝ものの出し入れにおいても、小さな家は日々のストレスを軽減してくれる、うれしい住まいです。

一方で、無垢フローリングの床を磨いたり、小さな庭の手入れを、親子で楽しみながらされているご家庭も多く見られます。

そんな暮らしのひとコマが、小さくてかわいらしいわが家への愛着を、ますます深めてくれます。

予算に合わせて建築家住宅が建てられる

「若原さんがつくる家は坪いくらですか?」。そう聞かれることがよくあります。事実、建築家によっては、坪単価いくら以上、と決めている人もいます。

私の場合、坪単価は家ごとにケース・バイ・ケース。建主の総予算から逆算して「本体工事費」をまず打ち出し、適切な面積や設計内容を決めていく。それによって坪単価（本体工事費÷延べ床坪数）が決まります。

今までの例でいうと、延べ床23坪で坪単価100万円の家も、延べ床35坪で坪70万円の家もあります。何にどのくらいお金をかけるのか、建築家のお仕着せでなく、建主の要望をかなえつつ、満足度の高い住まいになるよう、予算のやりくりを工夫します。

家づくりには本体工事費以外にさまざまな費用がかかります。私がつくる家の場合、本体工事費が総予算の約7割、そのほかで約3割。後者には、一般的に「別途工事」とされる地盤補強、インフラ整備、外構、照明・エアコン設置などの工事費、登記・申請費用、設計監理料が含まれます。忘れがちな家具の費用も、この3割の中にしっかり含めます。

大切なのは、建物本体をつくるだけで予算を使い切らないこと。そのために、「予算計画表」を作成して建主と共有。総額とその内訳を確認しながら設計を進めていくことで、建主が納得のいく「適正コスト」の住まいとなります。

小さな家を建てる。

豊かな住まいをつくる60のヒント

目次

第2章
小さな家の住みやすい間取り 45

第3章
長く美しく住み続ける工夫 87

第4章

豊かな暮らしをつくるスパイス 109

第5章

小さな家のプラン集 143

※本書の図面内にある数字の単位はすべてmmです。

協　力　永峰昌治（若原アトリエ）
写　真　中村　絵（下記以外すべて）
黒住直臣（P.28, P.29, P.68, P.69）
飯貝拓司（P.19, P.79, P.110, P.115）
栗原　論（P.128, P.129）
若原一貴（P.15, P.33下, P37, P.45, P.58, P.87, P.90, P.91右上・左下 , P.95左下, P.105右下, P.107, P.109, P.116, P.130, P.141上・右下, P.143）
取材・文　田中幸子
デザイン　松平敏之
DTP　村上幸枝（Branch）
編　集　別府美絹（エクスナレッジ）
印　刷　図書印刷

第1章

箱と暮らしから考える

［小さな家 新提案］

一般的な間取りの考え方を変え、今までの暮らし方をちょっと見直す。小さな家で豊かにおおらかに暮らすための新発想、基本の14項目を紹介します。

1

間取りは立体で考える

私が設計する住宅は、建坪10坪（33㎡）前後の家がほとんどです。家を建てるとき、開放感が欲しい、書斎が欲しい、キッチンは広く……など、いろいろな希望があると思いますが、単に詰め込んではいけません。小さくても豊かで心地よい住まいをつくるためには、家全体を「大きな空間」としてとらえることが重要です。

小さな家は、当然のことながら、平面的（建坪・床面積）にゆとりがありません。にもかかわらず、欲しい部屋数や希望を詰め込んでしまうと、個室を配しただけの窮屈で居心地の悪い家ができ上がります。平面（平米）を部屋で割る「○LDK」の発想は捨て、立体＝立米《りゅうべい》（体積）で間取りを考えることが必要です。大きな箱の中に、

8畳でも開放感あるリビング

建坪16坪。大きな空間を箱で仕切る感覚の立体的な間取り。ゆるやかなつながりと吹き抜けで、広びろ心地いい。

大小の立体的な箱を入れ込む要領で「場づくり」をしていくのです。

立体的に間取りを考えると、ワンフロアに大空間がつくれます。小さな家でも吹き抜けも可能です。その大きな空間を、光の明暗や素材の切り替え、ゆるやかな段差などで区切ります。単に壁で仕切るのではなく、ゆるやかに「場をつくる」ことで、狭さを感じずおおらかでゆとりのある空間が生まれるのです。

写真の「鎌倉の分居」（延べ床面積79㎡）は、閉じられた居室がない立体的な一室空間の住まい。家族との距離感がとても心地いいと好評です。豊かな住まいは、面積や部屋数で決まるものではないということを、知っておいて欲しいと思います。

ゆるやかに「居場所」が連続する

上:吹き抜けを共有する2階のオーディオルーム(4畳半)。高さ110cmの腰壁で囲われた、ほどよくこもれる場所。

左:1階・2階を分けた間取りではなく、住まいをひとつの大きな空間ととらえ、ゆるやかに仕切る。ソファ背面の障子窓を開けるとキッチン。

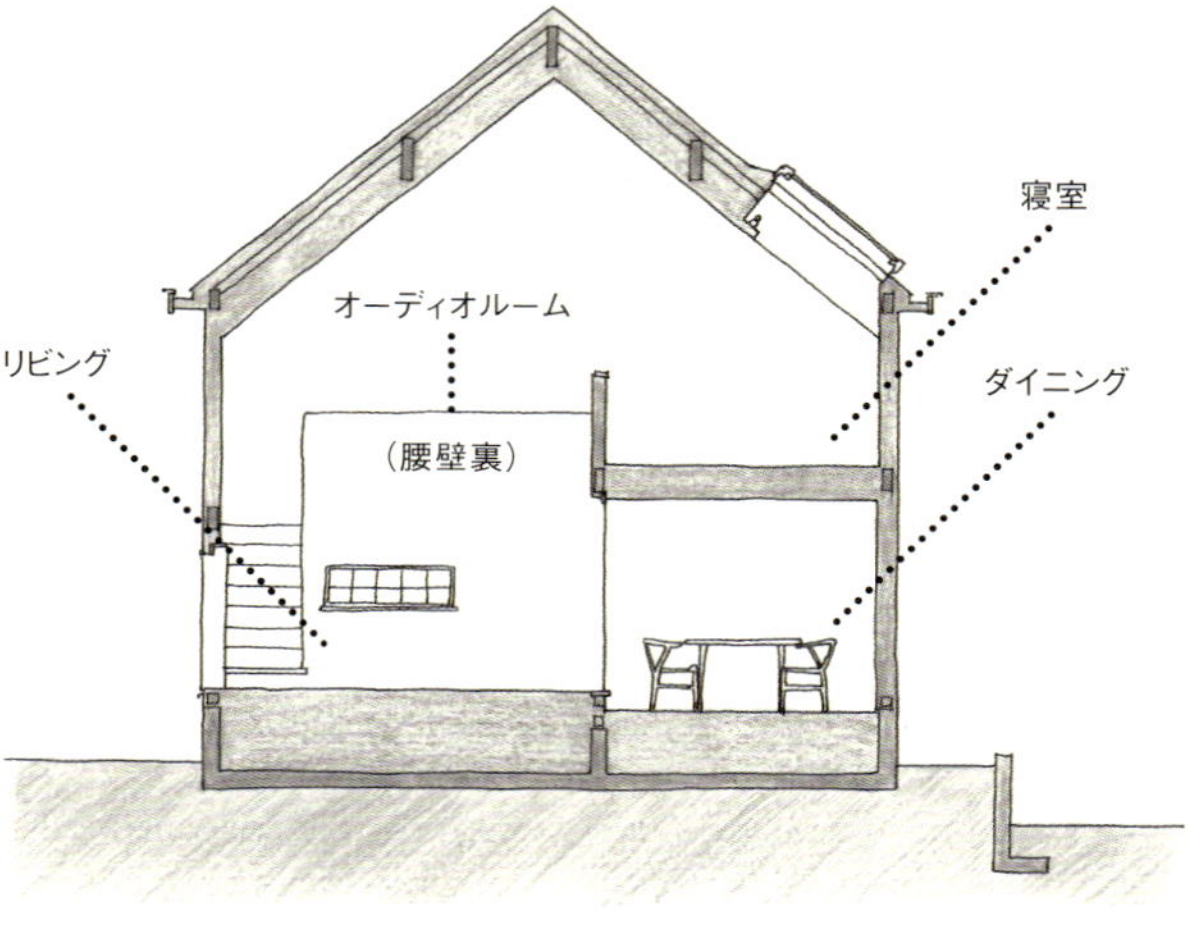

「鎌倉の分居」断面図。ダイニングから1段上がるとリビング、そこから9段上がるとオーディオルーム、さらに2段上がると寝室。断面図で見ると、立体的な間取りがわかる。

50㎡のワンフロアで暮らす「霧が丘の家」

上:LDK+寝室を2階にまとめた50㎡(30畳)のワンルーム空間。切妻屋根のかたちに沿って高さを出し、より広びろとした居心地を提供。

左:天井高は最高3.7m、低いところは1.6m。正面の壁いっぱいに幅5.3mのキッチン。右手の白い箱の内側には冷蔵庫と収納棚。中央に構造と意匠を兼ねた大黒柱。

2階平面図。独立した寝室は設けず、畳ベッドに。生活動線がコンパクトになり、移動させてベンチのように使うこともできる(P.134)。1階には水まわり、収納のほか、夫婦念願のギャラリーを設けた。

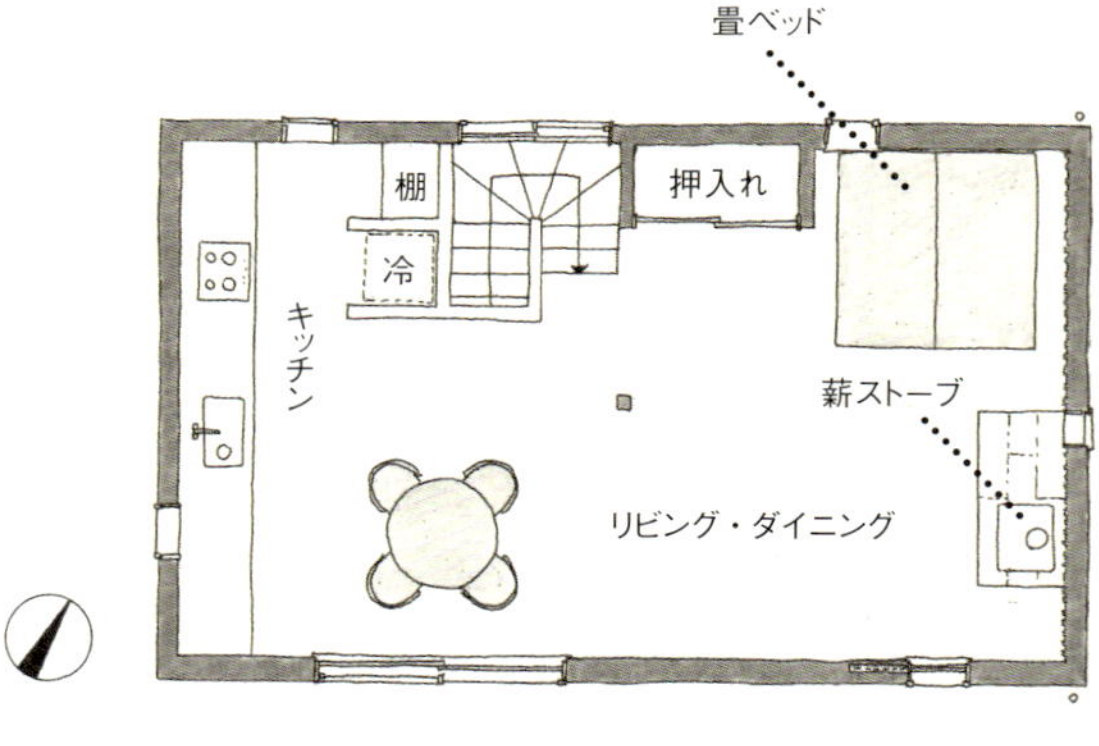

2

素材を統一する

私がつくる小さな家は、ギャラリーや美術館に似ている、といわれることがあります。美術館は展示品が映えるように、空間自体がシンプルです。実は、私が設計する家にも同じことがいえます。完成時は少しもの足りない印象。けれど、家具が入り人が暮らし始めると、シンプルな空間が暮らしの背景としてよくなじみ、ちょうどいいバランスに。

主役はあくまで〝人と暮らし〟。そんな住まいにするために大切なのが、素材の選択です。内装素材は、暮らしの背景をつくるもの。ですから、床は無垢フローリング、壁・天井は漆喰塗り。できるだけその2種類に統一しています。

このことを分かりやすく例えるなら、ファッションでいう「白いシャツ」でしょうか。シャツの上にアクセントを加えてコーディネートを楽しむように、素材が統一された空間には、ソファやラグ、家電、アートなど、さまざまな色が合わせやすいのです。

とくに、壁・天井は漆喰塗りにすることをお勧めします。立体的に場づくりをしていく小さな家では、素材を統一させることで、写真のように「空間の輪郭」が美しく現れるからです。また、職人がていねいに仕上げた漆喰壁のテクスチャーは、シンプルでもぬくもりが感じられ、やさしい雰囲気の住まいになります。

初めから、いろいろな素材や機能を盛り込まず、空間を仕上げる素材の種類を「少し足りないかな」くらいに抑えておく。そうすれば、その後の暮らしの幅をいかようにでも受け止めてくれます。部屋数と同様、多くを盛り込まないことが肝心です。

陰影で浮かび上がる、素材の豊かな表情

左上:砕いた黒瓦を混ぜて塗ったグレーの漆喰壁。梁を見せないデザインも、空間の輪郭美を極立たせる。(清瀬の小住宅)

左下:大谷石を混ぜたほのかな緑色の漆喰壁。掘り込み型の飾り台が壁の厚みを感じさせる。(南沢の小住宅)

右上:荒く仕上げた漆喰壁が光のグラデーションを映す。天井近くに障子窓をとり、空間のアクセントに。(辻堂の家)

右下:下からの光が漆喰の天井部にまわり、大空間の輪郭がぼんやりと浮かび上がる。(鎌倉の分居)

3

ひとつの窓が住み心地を決める

都市部の建て込んだ小さな土地で、「眺めのいい家」をつくるなんてとても無理。だれもがそう思い込んでいませんか？　確かに建物に囲まれていると、日当たりを確保することさえ難しい。眺めのいい部屋で過ごすなんて夢、と思うのも仕方ありません。

それでも、建主にとっては一生に一度の家づくり。それを託されたからには、立地の難題をどうにかクリアできないものか。そう思いながら、現場に何度も足を運びます。

周辺環境を観察し、道路の方向や隣家との間隔、視線の抜け、少し先にある木々など、五感をフルに働かせて敷地の特性を読み取ります。そして、建物の配置と、住み手がいちばん長く居る場所（ダイニングやリビング）の位置をまず決め、「ここぞ」という場所に窓を設けます。

この段階で方位は気にしません。南向きの窓が必ずしも居心地のよさに結びつくとは限らないからです。また、どの方向にもいい眺めが望めなければ、敷地の中でそれを可能にするつくり方を考えます。

写真の「小さな庭の家」がそうでした。敷地（35坪）は南の道路側しか抜けがなく、ほかの3方に隣家が迫る細長いかたちです。建主の希望した庭を、小さいながらもアプローチ兼ねてつくりました。その庭と平行させて、家族が集合するダイニングを配置。庭に向かって幅3.6ｍの大きな窓を設けました。制約の多い小さな土地でも、庭の緑が眺められる開放的なダイニングが完成。ご家族にも大好評です。

家族が集まる場所にとっておきの窓を

右：敷地は道路から約１ｍ高い位置にある。庭木は旧宅から移植したもの。木々が育つとやがて緑に覆われたアプローチとなる。

左：ダイニングの大窓。東の隣家に向いているが、木々の緑がスクリーンとなって視線をさえぎってくれる。

4

光の明暗で場を仕切る

設計時、もっとも腐心するのが「光の明暗」をつくり出すことです。P.16でも触れましたが、心地よい空間をつくるには、光の明暗で大きな空間に場をつくっていくことが有効です。

人は無意識のうちに、光を感じながら場を選んでいます。夏なら直射日光を避け、少し奥のほの暗い場所が心地よいと感じる。冬なら、ポカポカ温かい日なたにいるだけで気持ちがいい。また、読書をしたり考えごとをするには、日影のほうが集中できるでしょう。

このように、季節や時間、また気分によっても、求める明るさ・暗さは違ってきます。小さな住まいに、そのような「光のちょうどよい場所」がたくさんあれば、暮らしの幅は広がるでしょう。

「光の明暗」をつくるためには、あちこちに窓をつくってはいけません。たくさん窓があると明るくて風通しはいいのですが、明るさが均一で、どこで過ごしても変わり映えのない空間になってしまいます。さらに、壁面が少なくなり、家具の配置がしにくくなります。方角と立地条件から、窓の位置や大きさを考え、光を採り入れる量をコントロールしていくのです。

そこで大事なのが、壁や床に「光のグラデーション」をつくること。明るい場所から徐々に暗くなり、そしてまた明るい場所につながっていくような。開口部を絞り、大きな壁面をとるほど、グラデーションの幅が長くなり、明るさ暗さが異なる場がたくさんできる。そのときどきによって過ごす場所を選ぶことができます。

〝壁で仕切らず、光で仕切る〟。小さな家に、気分が異なるたくさんの居場所をつくるコツです。

室内に広がる陰影が
“居場所”をつくる

左:玄関からの眺め。床は炭入りモルタル。グレーの漆喰壁と光のグラデーションが奥行きをつくりだす。(清瀬の小住宅)
右:障子越しの光が、傾斜天井や漆喰の壁に映り刻々と変化する。(牛窓の家:バウムスタイルアーキテクトとの共同設計)

5

建築制限を逆手にとる

都市部では、用途地域によって建物の高さや傾斜勾配が決められています。おのずと家のかたちが決まってしまい、内部空間の設計にもシバリがでてきます。とくに狭小地の3階建て住宅は、ただでさえ床面積が狭いところに、さまざまな制約がつきまといます。

それでも、できるだけ広びろと暮らせるように、屋根勾配の制約を逆手にとる！　傾斜屋根に沿った吹き抜けの勾配天井にして、空間にボリューム感を出します。最高天井高は4〜5ｍ、低い方（壁との接面）は1.5ｍ程度とぐっと低くします。一般的な住まいの天井高は2ｍ30㎝程度。1.5ｍは、ちょうど大人が立ったときの目線の高さです。

「高さ5ｍと1.5ｍって差が大きすぎて、落ち着かないのでは？」と思うかもしれません。しかし、1.5ｍくらいまで下げると、「空間の重心」が低くなり、4〜5ｍの天井高でも、部屋に安定感が生まれます。この絶妙なバランスこそ、小さな住まいに心地いい大空間をつくるポイント。1.5ｍを一般的な天井高2ｍ30㎝にすると、無意識に不安定な居心地を与えてしまいます。

写真の「千石の住まい」は、都心の密集地に建つ建坪14坪（46㎡）の3階建て。2階のリビング・ダイニングは幅2間の細長い17畳です。屋根なりの勾配天井高は、最高5.7ｍ、低い方は1.6ｍに抑えました。ソファ背面の窓も横長にして低めの位置にとり、空間の重心を下げる効果をプラス。〝逆転の発想〟で建坪の狭さ、設計制約をクリア。ダイナミックさと安定感が両立した、居心地のいい空間となりました。

吹き抜けの天井を介し
3階とつなげる

右： 3階子ども部屋からLDを見下ろす。テーブルサイズは245×95㎝と大きめだが、ボリューム感のある空間にちょうどよい。
左：窓は大きくとらず、スリムな横長に。ソファとのバランスもいい。斜め天井にトップライト。3階の子ども部屋（写真左上）と立体的につなげた。

6

外観にも愛着を

学校や仕事から帰ってきたとき、外から「わが家」を見て、みなさん何を思いますか？　「とくに何も思わない」という人が意外に多いのではないでしょうか。家の中に入ってから「ホッとする」ということはあっても、外観を見て「ホッとする」と感じる人は少ないように思います。

でも、長く住み続ける家ですから、外から見たときも、「いい家だなあ」と思える住まいにしたいもの。

小さな家の外観は当然コンパクト。この持ち味を最大限生かし、瀟洒《しょうしゃ》でかわいらしいたたずまいになるよう工夫します。

工夫の第一は、塀をつくらないこと。その方が、建物がスラッと美しく見えます。コンパクトな建物を中途半端に隠してしまうと、見た目のバランスが悪くなります。また、屋根は薄くシャープに、軒を30㎝は出し、外壁の面積と開口部との均整を図ります。そして、塀をつくらず建物のまわりに緑を植える。周囲との境界線をあいまいにし、地域になじむようにします。

貧相に見せないようにと、華美なデザインにするのは逆効果。写真の「清瀬の小住宅」の外壁は、モルタル下地に白塗装仕上げ。ローコストなうえ、サイディングのように目地がないので、「シンプルな箱」のようなスッキリとしたたたずまいになりました。

さらに、2階開口部の手すりに無垢の木を使い、小窓はアルミ色にして、白い外壁のアクセントに。こうした細部のデザインも大切です。塀をなくした敷地の余白は、緑を植えて「小さな庭」に。この提案は、次の項をごらんください。

建物を覆う
木々の緑が塀代わり

玄関ドア前に低木を植え、ほどよい目隠しに。塀をなくせば、建物と敷地境界線との間のわずかなスペースを有効に使える。2階の開口部はインナーバルコニー（P.104）。

7

小さな庭の楽しみ

好きな草花を植えて育成を楽しんだり、四季の移ろいを感じたり。「小さな庭」は、豊かな暮らしを営むために欠かせない一要素。塀をなくすこととの合わせ技で、たたずまいを美しく見せるための大切なポイントです。町の景観アップに貢献することはもちろん、庭の草花を介してご近所さんとの会話が生まれ、交流を深めてくれる場にもなります。

今までつくってきた小さな庭のほとんどが手づくりです。建主のご家族のみならず、私を含めた設計事務所のスタッフ、さらに「ガーデニングのワークショップを開くよ」と友人知人に呼びかけ、参加者を募るのです。そうすると5、6人は手をあげてくれ、イベント的に大勢でワイワイ楽しくつくってきました。

建主にとって、手づくりの庭であれば愛着もひとしお。業者に造園工事を依頼するより、コストも当然安上がりです。もし土壌改良が必要な土地であれば、ユンボで土を掘り起こす作業だけプロの手を借りればいい。小さいから、その後の手入れも大きな庭ほど手間がかからず、子どもと一緒にガーデニングを楽しめば、情操教育にもなるでしょう。

写真（左）の「清瀬の小住宅」にも、そんなふうに大勢でつくり上げた庭があります。業者に頼んだ場合の5分の1の予算でできました。四季折々の表情を見せてくれる、小さくても自然豊かな庭は、ご近所にも大好評。私も訪れるたびに、庭を拝見するのが楽しみです。そしてこの家が、町並みをよくすることにひと役かっていることを実感。建築家としてこれほどうれしいことはありません。

手づくりの庭で
小さな家に愛着を

右:焼杉の外壁と黒く塗装した石綿スレートの低い壁に緑が映える。（牛窓の家）

左上:正面はヤマボウシ。グランドカバーはヒメイワダレソウ。竣工1年ほどで緑が成長し、縁石にかぶるように。（清瀬の小住宅）

左下:上の写真と同じ「清瀬の小住宅」の東南角。ダイニングの外にあたるここにも小さな庭をつくった。季節の草花を眺めながら、食事を楽しんでいる。

8

テレビ、車のない生活

家づくりは、今までのライフスタイルを見直す絶好のチャンス。「これからどんな暮らしをしたいか」というイメージを明確にし、手持ちのアイテムを見直します。そのときに考えていただきたい2つのものがあります。テレビと車です。

私がつくってきた家の建主は、リビングにテレビを置かない選択をされる方が多い。たとえば「南沢の小住宅」(P.50、P.128)。子どもがいるご家族ですが、テレビをリビングには置かず、当面フリースペース的に使う2階の部屋へ。そして、「ダイニングには、レコードとプレイヤーの置き場所をつくって欲しい。薪ストーブもぜひ」とリクエストされ、それに応えるリビング・ダイニングを設計しました。テレビがあるのが当然と考えていると、テレビ中心の間取りになっていたでしょう。

薪ストーブは、家族団らんの中核として大活躍。夜はペンダント1灯の明かりのもとに家族が集い、おしゃべりに講じながら食事をしたり、音楽を聴きながらお酒を飲んだり……。家族の会話が増え、一緒に過ごす時間も長くなったといいます。

一方、車があると、駐車スペースが必要になり、家の建坪が狭まってしまう。また、車は維持費も当然かかります。都心であれば、公共の交通機関でじゅうぶん。ここ数年、カーシェアリングという考え方も広まってきています。

とはいえ、私はテレビや車を否定するわけではありません。「あたり前を見直す」ことで、新たに手に入れられる時間や価値観がある、ということを知っていただきたいのです。

小さな家で手に入れる新しい暮らし方

2階LDKは34㎡。テレビは置かず、お気に入りの絵画や彫刻を飾り、家族との時間や自分ひとりの時間を楽しむ。（あがり屋敷の家）

9

置き家具で暮らしの変化に対応する

私は、リビング・ダイニングに造り付けの収納をつくることがほとんどありません。カウンター収納や収納付きテレビ台など、あれば便利そうですが、実はマイナスな点もあります。

まず、家具をつくるとなれば予算が必要。大工工事でつくればまだコストを抑えられますが、家具職人に依頼するオーダーメイド収納にすると、かなり工費がアップします。

次に、造り付け収納をつくると、部屋の有効面積が狭くなる。それだけでなく、収納扉付きの造り付け家具があると、前に家具が置けず、レイアウトがほぼ固定されてしまいます。家族の成長やライフスタイルの変化に応じて部屋の使い方を変えられないのは、とても不便です。

その点、置き家具なら、足したり引いたりレイアウトが自在。将来に渡って、空間と暮らしの自由度がはるかに高まります。リビング・ダイニングは、家族がさまざまな過ごし方をする場所だからこそ、フレキシブルな使い方ができる空間でありたいもの。

また、お気に入りの置き家具を少しずつ買い足して、時間をかけて自分らしい空間にしていけば、愛着のある住まいになるのではないでしょうか。

置き家具を勧める理由として、最後にもうひとつ。「大きな壁」を残しておきたいからです。小さな家に大切な光のグラデーション(P.26)。それを映し出すスクリーンとして、大きな壁が必要です。

そうはいっても、収納は不可欠です。収納スペースは、ほかの場所にしっかりとりますので(P.94参照)、ご安心ください。

好きな家具を選び、
足していく楽しみ

1階土間は、フレキシブルに使えるよう造り付け家具をなくし、置き家具を少しずつ足していくことに。(霧が丘の家)

10

ソファもいいけど、ベンチもいい

リビングに置くものといったら、テレビとソファを上げる人が多いと思います。テレビについてはP．34で述べましたが、ソファについても、ひとつ別の提案を。

実は私は、ソファよりもベンチが好きです。それを実感したのは、ヨーロッパを旅したときのこと。歩き疲れたときによく休憩した場所は、その町にある出入り自由な教会でした。礼拝堂の長ベンチに座り物思いにふけったり、横になって昼寝をしたり（失礼！）。「ベンチって思いのほかくつろげるなあ」と実感したのです。

ソファを置くと、どうもダラダラと過ごしてしまいがち。床に座ってソファを背もたれ代わりにしてるシーンも、日本のリビングでよくあります。もちろんそれもいいのですが、ベンチはくつろげるうえ、居ずまいを正してくれる。立ち座りがサッとでき、ムダに時間をダラダラ過ごすことが少なくなります。

さて、そのベンチ。建主の方によく勧めるのが、家具職人・傍島《そばじま》浩美さんがつくるものです。オブジェにもなりそうな繊細なたたずまいながら、温かみがある。木は使うほどに風合いが増していき、手入れをすればずっと美しい状態で使い続けられます。

また、ベンチはソファよりボリューム感が抑えられ、小さな家との相性がいいのもお勧めするポイント。写真の「清瀬の小住宅」のベンチは3人がゆうゆう座れるサイズですが、スリーシーターのソファと比べるとずっとコンパクト。素材（タモ材）も無垢の床材や漆喰壁になじんでいます。お子さんが食べ物や飲み物をこぼしても、サッと拭ける点も喜ばれています。

シンプルなリビングに
ベンチだけを置いて

汚れにくいベンチは子どもの遊び場にもいい。見た目よりもずっと座り心地がよく、じゅうぶんリラックスできるとご家族に大好評。

「清瀬の小住宅」のベンチ図面。よりコンパクトにしたい場合は幅1500㎜でもよい。奥行きを700㎜にする場合もある。

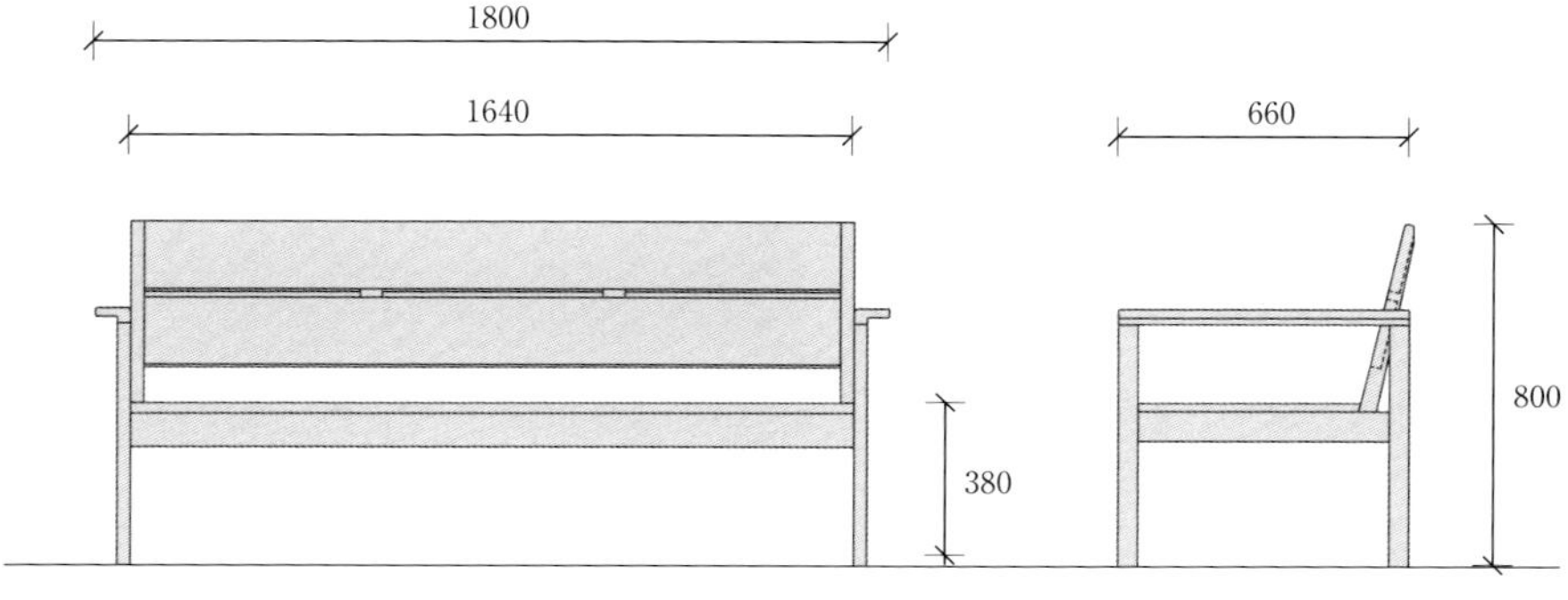

自転車をすっきり納める

家を建てるとき、駐車スペースは考えていても、自転車スペースまで考える人は少ないのではないでしょうか。最近の自転車人気で、家族めいめいが1台ずつ持っているケースも珍しくありません。

では、自転車を家のどこに停めているかというと、玄関脇の空きスペースやカーポート内の隙間《すきま》、家の前に無造作に置かれていることが多い。それでは、出し入れしにくく、雑然とした印象が否めません。

写真の「辻堂の家」をご覧ください。前庭があって広く見えるかも知れませんが、敷地は42坪で南北に細長い形。そして、板塀の内側に自転車が隠されています。

計画時、家族3人の自転車置き場が課題でした。細長い敷地なので、家の横に3台も停めるスペースはとれない。かといって、家の前にただ駐輪スペースをとるだけでは、外観が台なしです。

また、建主から、「以前の家の木を残したい」、「将来計画している書道教室（P.100参照）の生徒のための自転車置き場もつくりたい」との要望もありました。

これらの条件を満たす答えとして、建物をセットバックさせ、約10坪の前庭を設けました。そして、1坪ほどの駐輪場は、杉板の塀で隠し、自転車の出し入れがスムーズにできるよう引き戸をつけました。板塀が年月を経るほどいい風合いになっていくのも魅力です。

この板塀、高さ160cmなのですが、奥行きを感じさせる高さになっています。演劇の舞台は、かきわりを立てることで遠近感を出し、広く見えるように錯覚させる。この前庭も広く見えるように、〝かきわり効果〟を板塀の高さと奥行きで工夫しました。

車は持たず、10坪の前庭を緑豊かに

近所から「塔の家」と呼ばれている印象的な外観。前庭の芝生に緑化ブロックを埋めたところが、生徒の自転車置き場。植物は、かつてここに建っていた実家の庭から移植。

**和風になりすぎない
シンプルなデザインに**

寝室以外にもさまざまな用途に使えるのが和室のよさ。障子奥はインナーバルコニー。

12

ベッドをやめて、ふとんで寝る

これまで建てた家のほとんどの住人は、ベッドではなく、和室にふとんを敷いて寝る暮らしを実践しています。

寝室はベッドを置いてしまうと、ベッドルーム以外ほぼ使いみちがありません。限られた面積をフレキシブルに使いたい小さな家の暮らし方として、それは実にもったいない話です。

和室なら、日中ふとんを押入れに入れておけば、いろいろな用途に使うことができます。セカンドリビングに使うもよし、家事や趣味などワークルームに使うもよし。疲れたときゴロンと横になって仮眠をとったりするのも、畳の部屋ならではの至福のひとときです。

決してベッドを否定するわけではありません。洋間の寝室も、多用途に使える和室も、両方設けられる大きな家だったら問題ありません。しかし小さな家ではそれが難しい。ならば生活スタイルを切り変えてみませんか、と提案したいのです。

写真の「南沢の小住宅」も、家づくりを機にふとん派に転向。2階の6畳和室は、吹き抜けを介して1階のLDKと連続。腰壁上の引き戸を閉めれば、音や光を遮断。快眠スペースに切り変わる工夫が成されています。

**簡素につくって
コストを抑える**

デスク側の床は安価な塩ビタイル。写真の本棚裏側にクロゼットを造作。扉は付けず、ロールスクリーンで目隠ししている。

13

個室はぎゅっと小さくまとめる

「小さな家の間取りは部屋の集合体にしない」（P.16）といいましたが、必ずしも個室をつくらないわけではありません。プライバシーを気にする年頃のお子さんがいたり、自宅で仕事をされたりする建主からは、独立した子ども部屋や書斎をリクエストされます。

個室をつくるときは、できるだけ小さくまとめるようにしています。必要最小限のスペースと、最低限のしつらえがあればいいと。コストを抑え、パブリックな空間を充実させるために、予算をまわすほうが賢明です。

子ども部屋の場合、個室として使うのはせいぜい10年程度。広く居心地よくつくってしまうと、個室にこもりがちになる懸念もあります。小さく簡素にまとめ、子どもが巣立った後、書斎や趣味室などに使いまわせるように設計します。

写真の「辻堂の家」の個室は、大学生の息子さんのための部屋。広さはたった3畳です。半分のスペースを畳敷きにして、ふとんを敷いて寝るようにしました。

「同じ年頃の男の子に比べて、うちの息子は私たちとダイニングで過ごす時間が多いと思う」という建主の言葉に、我が意を得た思いがします。

階段下スペースを有効利用したシャワー室

「シャワーブース」として販売されている既製品もあるが、このシャワー室は階段室に計画したため天井高が低く、既製品は合わないので、一から施工。

14

湯船をなくし、シャワー室のみに

小さな家づくりには、「あたり前をやめてみる」という発想の転換がときには必要です。その1例がこの「練馬のガレージハウス」。30代の夫婦2人暮らしですが、浴室はなんと湯船なし。シャワー室だけのつくりとしました。

単に、「シャワー室にすればスペースやコストが節約でき、その分ほかのところを広く充実される」が狙いではありません。もちろん結果的にはそれもいえますが、主意は、「自分たちにとって大切なことはなにか?」をご夫妻が考え抜いてこうなった、という点です。

つまり、小さな家における暮らしの優先順位を考えたとき、「あなた、湯船につかるのは年に2日しかないでしょう。だったらシャワーだけでいいわよ」という結論に至ったのです。

私自身は湯船につかるのが好きですし、お風呂はリラックスに欠かせない場所だと思っています。けれど、人にはそれぞれの価値観がある。多くを盛り込めない小さな家の設計は、建主ごとの価値観を反映させることが大切です。

一見極端に思えても、このようなムダをそぎ落とした暮らし方の選択が、唯一無二の自分らしい住まいとなるのです。

第2章

小さな家の住みやすい間取り

家族との心地よい距離感がある、
開放感、こもり感の両方を味わえる、
ひとつの場所をいく通りにも使うことができる、
柔軟性に富んだ間取りのつくり方。

暮らしの中心はダイニング

間取りを考えるとき、リビングよりもダイニングを充実させるようにします。住む人がもっとも長く過ごす場所であり、家族の中心地になると考えるからです。

ダイニングは食事やお茶をするだけでなく、家事や仕事などデスクワークをしたり、子どもの勉強スペースになったり、いろいろな用途に使える場所です。また、子どもがある程度大きくなり、それぞれの個室で過ごすことも多くなった場合でも、ダイニングだけは、家族のコミュニケーションスペースであり続けます。

さて、そのダイニングですが、平面的にも立体的にもできるだけ多くの場（部屋）を隣接させるようプランニングします。ほかの場所へアクセスしやすい中心地とすれば、動線がスムーズになります。また、ダイニングからどこにでも目が届きやすく、小さな子どもや高齢者がいるご家庭にとっては安心でしょう。

さらに、P. 24で述べた「ここいちばんの窓」を、ダイニングにもってきます。

写真の「椎名町の住まい」は、建坪12坪の3階建て。子ども2人がいる4人家族の住まいです。2階フロア（38㎡）にあるダイニングは、平面図で見ればリビングの広さと大差ありません。けれども、ダイニングは天井高4mとのびのび開放的。吹き抜けを介して、3階の子ども部屋とつながっており、お互いが気配を感じ合える立体的な間取りです。窓は北向きですが、隣家の庭の緑が望め、1日中安定した光が入ります。夜は北欧製ペンダントの明かりのもとに家族が集い、豊かな時間が流れます。

憧れの家具を
新居のダイニングに

3階子ども部屋から2階ダイニングを見下す。家具職人・傍島浩美さん作の丸テーブル（P.112）に、北欧の名作椅子Yチェアを家族の人数分。上質な家具をそろえ、さらに心地よく。

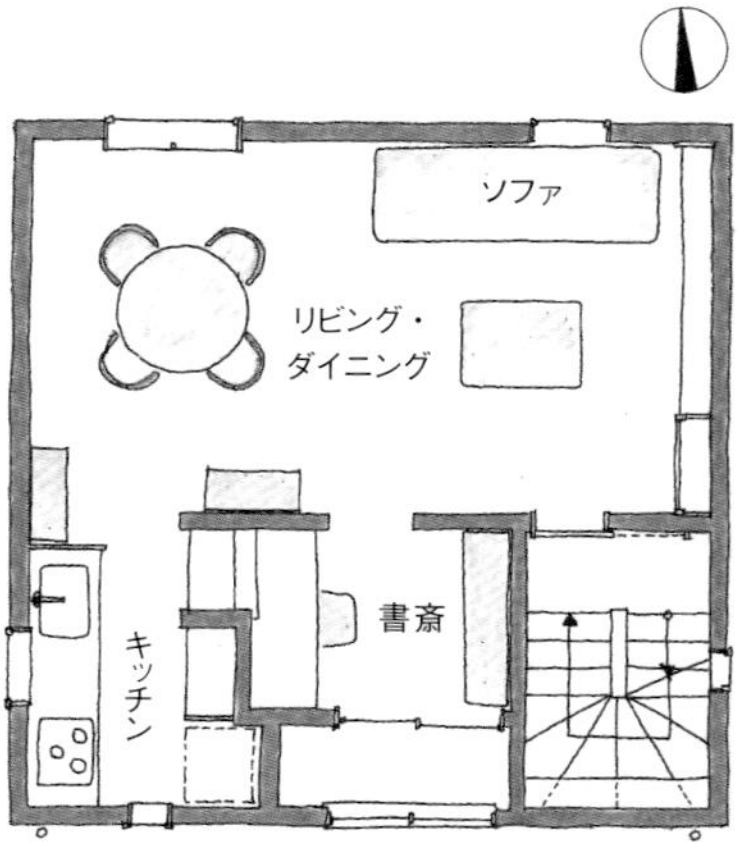

2階平面図。3間×4間=12坪。ダイニングを中心とし、そこにリビング、キッチン、書斎が隣接する間取り。

16

幅1間半の部屋でも意外に広い

「幅1間半の部屋なんて、新幹線の車内より狭い。いったいどうなるんだろう……」。写真の「小さな庭の家」の建主は、初めてプランを見たとき、こう思ったと笑います。ダイニングの幅はたったの1間半。細長い間取りで、広さは7畳ほど。しかし、いくつかのテクニックを重ね合わせることで、圧迫感を解消しました。「住み始めると、窮屈さはまったく感じない。むしろ開放感がありますね」と、喜んでいただいています。

この家の敷地は間口7.3m（約4間）、奥行き16mの南北に細長い35坪。できるだけ広い部屋をと考えれば、敷地の幅いっぱいに建物をつくるのがふつうです。でもそうしなかったのは、「小さくてもいいから庭がほしい」という建主の希望をかなえるため。約7mの敷地幅をほぼ2分割して、半分をアプローチを兼ねた庭とし、もう半分をダイニング、すなわち幅1間半の部屋としました。

狭さ解消ワザの第一は、大きな窓。3.6×1.57mのサッシはメーカー最大サイズ。桟のないFIXタイプにして、庭への視界をよくしました。また、大窓と反対側にも障子窓を。こちら側には隣家が迫っていますが、たとえ窓を開けなくても、外とつながる開口部があるだけで、心理的に圧迫感がやわらぎます。

さらに、天井高を2.1mと低く抑え、窓上部を天井ラインに沿わせて、水平方向の広がりを演出。天井に照明を付けずフラットに仕上げたことも、部屋をスッキリ見せるポイントです。

面積は広くとれなくても、〝合わせ技〟を駆使することで、建築的な数値を超えた、快適な居心地を生むことができます。

たった7畳でも
開放感あるダイニングに

右:敷地は道路から約1m高い場所にある。外階段を上り、庭を兼ねたアプローチを抜けると玄関がある。植物は旧宅から移植したもの。

左:突き当りに見えるキッチンは、やはり幅1間半。コンパクトだが、パントリー（1畳）があるので、収納に困ることはない。

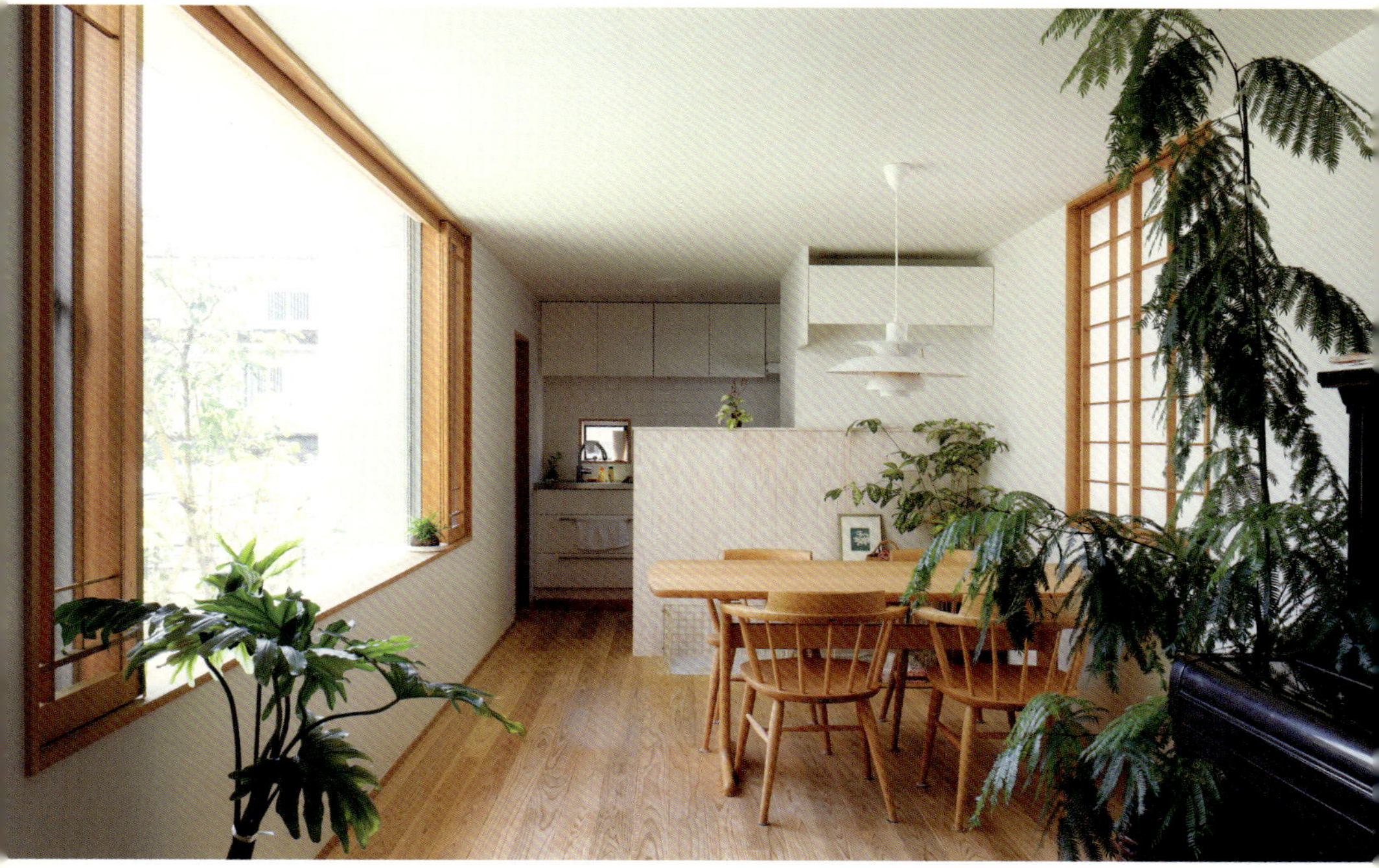

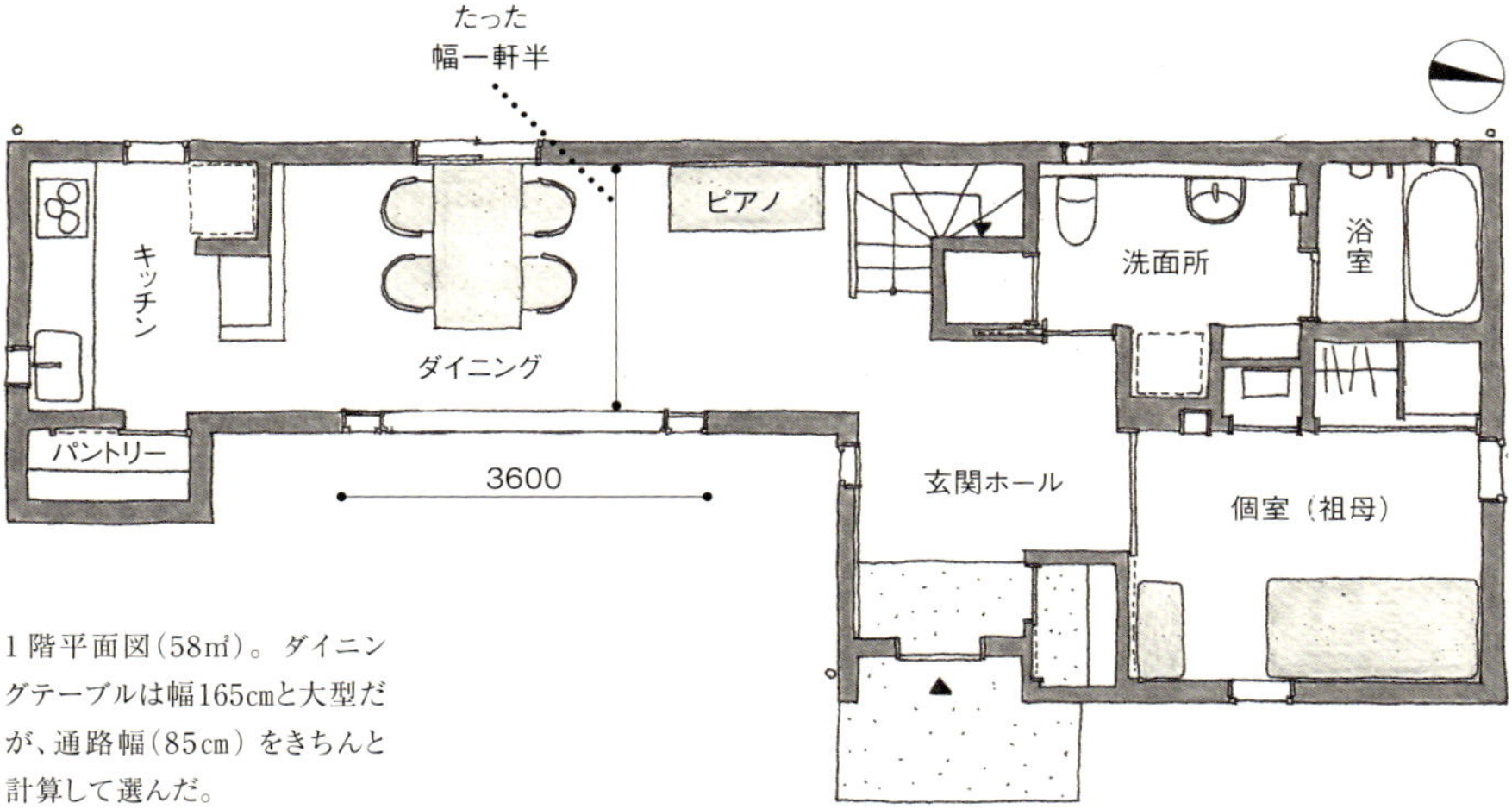

１階平面図（58㎡）。ダイニングテーブルは幅165㎝と大型だが、通路幅（85㎝）をきちんと計算して選んだ。

17

奥への期待感をもたせる

「この先になにかあるのでは？」という〝奥への期待感〟をもたせる空間づくりが小さな家では有効です。実際の寸法はそう長くなくても、距離があるように感じさせる。つまり〝錯覚〟によって広がりを生み出す設計手法です。

それを取り入れた住まいが、写真の「南沢の小住宅」。ダイニングの天井は吹き抜けで高さ4.5m、かたやキッチンは天井高2mに抑え、両サイドに袖壁を張り出させて囲みました。「大きな箱」の中に「小さな箱」を入れ込むような空間構成です。

写真の右側奥は、実は行き止まり。半畳ほどのスペースに窓があるだけですが、奥に続いているように感じられます。逆に、ここが壁だと、窮屈な感じがしてしまうこ

とがイメージできるでしょうか。

左側も同様です。奥に階段が見えますが、4段上がればすぐに小さな踊り場があり、左にターンしている。

明るいところから暗い穴倉へ。その先もずっと続いているように見せるために、家の模型を用いて光のまわり方を入念に検討しました。

このように、大きな箱と小さな箱の重ね合わせ方を工夫することで、小さな家でも狭さを感じさせない住み心地が実現します。

こうした「入れ子建築」は建築家ル・コルビュジエから学んだもの。学生のときにパリで見た彼の作品はまさに〝空間の重なり〟がテーマ。四半世紀のときを経て、小さな家に設計ヒントを与え続けてくれます。

奥行きをつくり出して狭さを緩和させる

キッチンが箱の中に入ったようなつくり。その両脇に奥行き感をつくることで、空間の広がりを感じさせる。キッチン上は子ども部屋。

どの席からも視線が抜けるように

小さな家のダイニングやリビングの設計で、忘れてはならないことがあります。それは「視線の抜け先」の確保。住み手がダイニングチェアやソファに座ったとき、窓が目に入り、外へ視線が抜けるかどうか。それによって、居心地がよくも悪くもなります。

大きな家だと、視線の抜けが1方向しかなくても、さして問題はありません。しかし、私がこれまで設計してきた経験上、小さな家は、定位置からの視線の抜けが2方向以上あったほうがいい。そうでないと、無意識に「逃げ道がない」と感じて、リラックスできません。最低2方向に窓があれば、不思議と安心感が得られ、ダイニングチェアやソファに座って、長い時間くつろぐことができます。

「視線の抜け先」は、近くにある大きな窓でなくてもかまいません。景色を眺めることが目的ではないので、トップライトやハイサイドライト、ちょっと遠くにあるキッチンの小窓などでもOK。

窓は本来、採光や通風、また外を眺めるためや、インテリアとしての役目も果たします。それらを機能させつつ、視線の抜け口として兼用できるか……。いろいろな与条件をクリアしながら、ああでもないこうでもないと空間をつくるのは、建築の醍醐味です。

写真の「椎名町の住まい」の2階は、下のイラストのように、北側の2つの窓が視線の抜け先のメイン。北を背にしたソファやダイニングチェアからは、ハイサイドライト、キッチンの小窓、書斎にあるバルコニーの開口部が、その役目を果たします。2階フロアには全部で5つの窓がありますが、どの席からも、このうちの最低2つは目に入ることを計算し、くつろげる空間を目指しました。

隣家の庭の緑が望める北側に「借景窓」を2つ

敷地が狭いと、おのずと隣家と接近するが、「借景」で緑のおすそ分けをいただけるように、窓のとり方を工夫した。

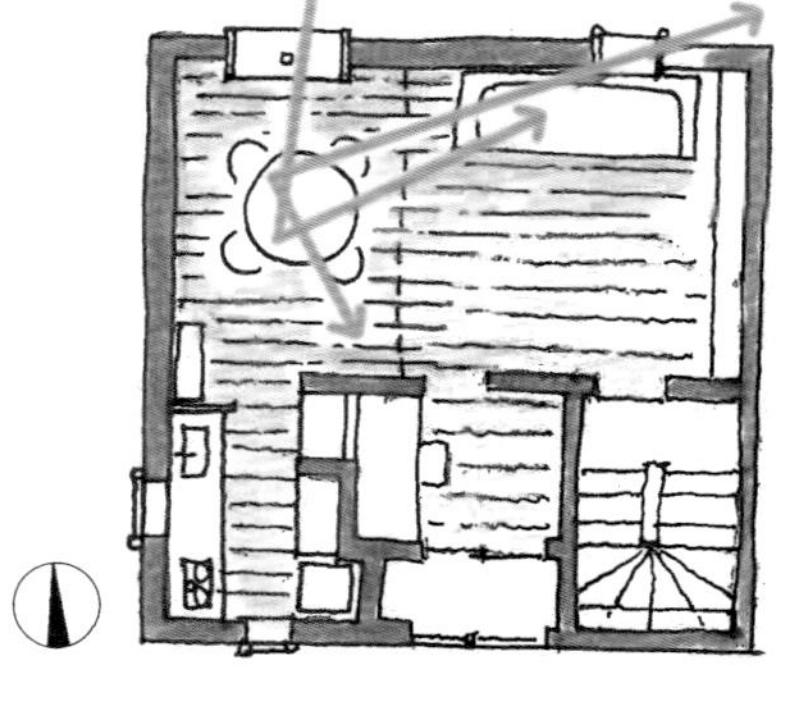

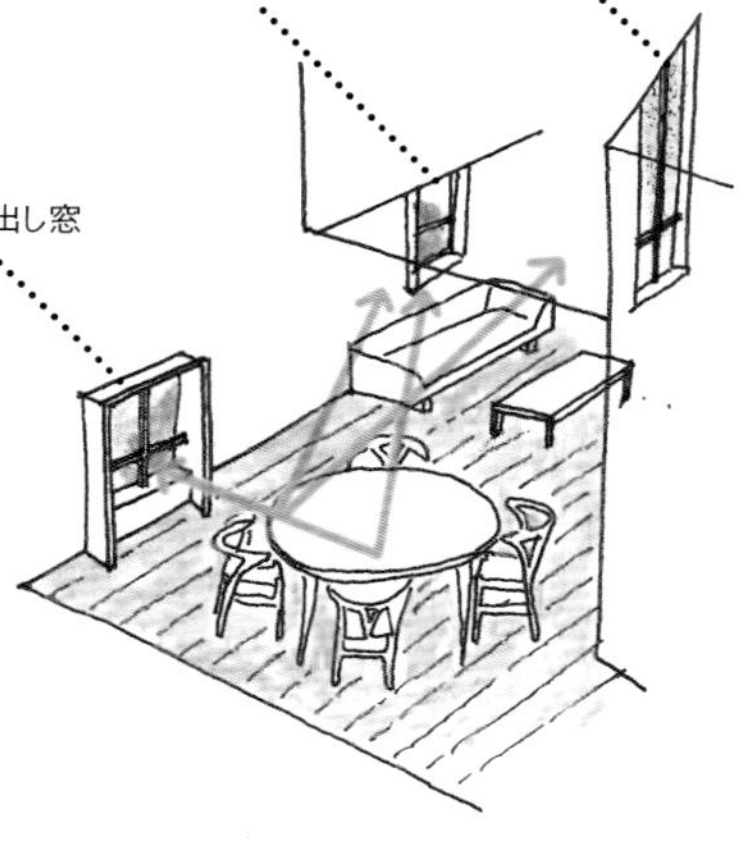

2階平面図。ダイニングチェアの各席からもソファからも、最低2方向に視線の抜けができるよう、間取りと開口部を計画。小さいながらもリラックスできる。

キッチンは長い1列型

これまでいくつもの小さな家を設計してきましたが、私の経験から、クローズドやセミクローズドキッチン、あるいは対面式キッチンにする場合は、建坪15坪以上は必要です。

10坪前後の住まいでそのようなかたちにすると、キッチンの占める割合が大きくなりすぎ、リビング・ダイニングが狭く居心地悪くなります。

とはいえ、小さなキッチンにはしたくない。豊かな暮らしに「食」は大切。家族みんなで調理ができるような、楽しい時間をもたらすキッチンでありたい。しかも、省スペースでありながら使い勝手に優れたもので……と、導き出したかたちが「長い1列型」です。

長い1列型キッチンは、「壁に沿ってできるだけ長くする」、「扉を壁と同色にする」、「吊り戸棚は付けない（P. 58参照）」。この3つのルールをもってつくります。大きくても壁に同化したような印象になり、収納スペースたっぷりなのでごちゃつかず、シンプルな空間になじみます。

写真の「あがり屋敷の家」は、建坪10坪の3層住宅。2階のLDKは33㎡。1列型キッチンは、なんと長さ5.5mです。キッチンは色を抑え、冷蔵庫スペースをとった上で、部屋の端から端まで設置。中途半端な長さにせず、壁一面につくることが空間をスッキリと見せ、広く感じさせるポイントです。

右端には冷蔵庫。そこから、調理台、シンク、調理台、コンロ、調理台と配置することで、横に流れて移動するだけでよく、作業効率がとてもいい。大勢でワイワイ楽しく料理ができます。

色を抑えたシンプルなデザインで壁と一体化

幅5.5mながら、できるだけ主張しないように、ごくシンプルなデザインに。高い天井もキッチンとのバランスがいい。

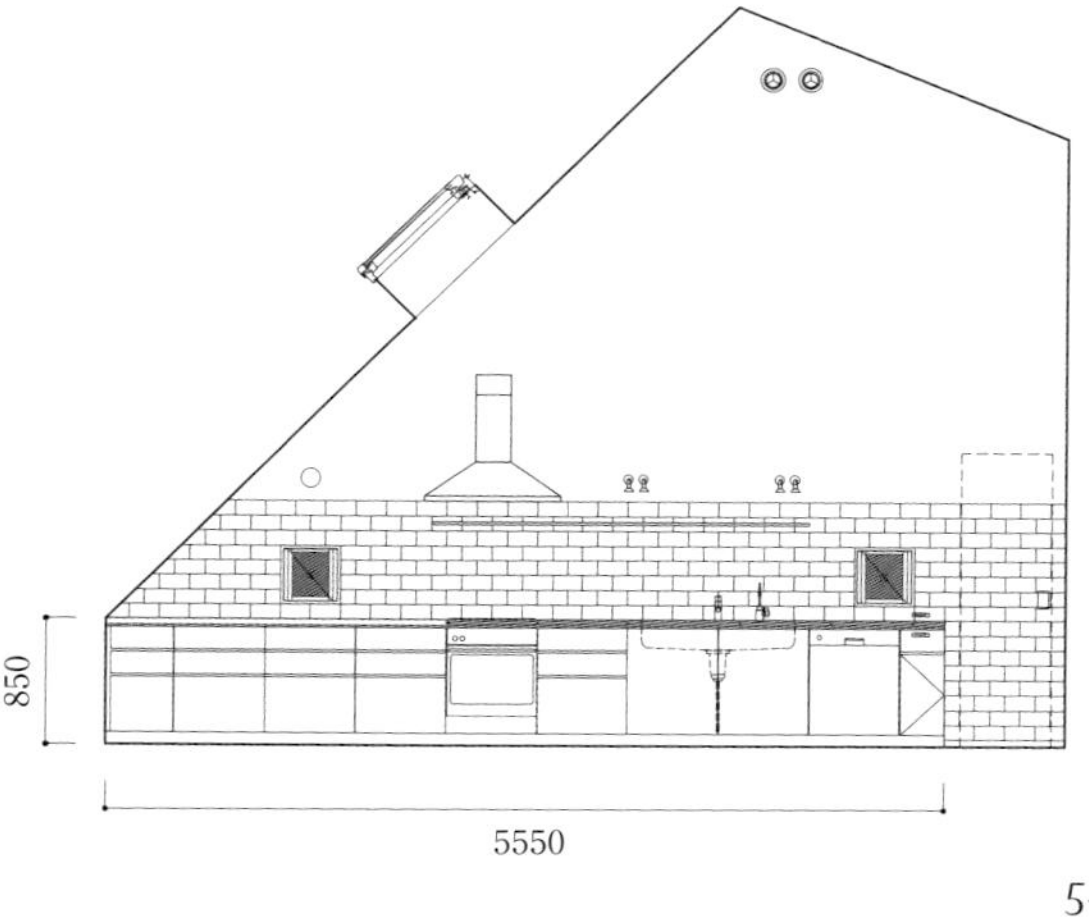

キッチンの天板はステンレス。扉面材はメラミン塗装。正面は20cm×10cmのタイル仕上げ。レンジフードは輸入品を使用。

建坪わずか７坪
「恵比寿の五角形」

平面が五角形の建物のかたちに合わせてつくったセミオーダーのキッチン。天板はステンレスバイブレーション仕上げ。面材は漆喰壁に合わせてグレーに。

650
755
695
800
1150
560
640
485
650
3845
40
870
140
20
600
960
600
450
600
150
450
3845

20

吊り戸棚は付けない

P.54～57で紹介した、長い1列型キッチン。どちらにも吊り戸棚はありません。長いキッチンにしたことで、収納量はじゅうぶん。そして、キッチンがオープンなワンルームでは視線の先に吊り戸棚の出っ張りがあると、どうも見栄えがよくない。壁をスッキリさせることが大切です。

さて、このキッチン、「どこのメーカーのもの？」とよく聞かれます。これは、ショールームや店頭で見かける大手メーカーの既製品ではなく、懇意にしているキッチンメーカーにオーダーしてつくっています。ですから、サイズも収納のつくりも、建主の要望に沿ってできています。

写真の「霧が丘の家」では、収納部分は開き扉ではなく、奥まで有効に使えるスライド収納をオーダーしました。吊り戸棚だと上や奥の方には目も手も届きにくく、ものをしまいっぱなしにしがち。でも、これなら奥までフル活用でき、ワンアクションで引き出せば、ひと目で中身がわかります。

また、壁には10㎝角のタイルを互い違いの馬張りに。ツヤ消しの磁器タイルを使ったことで、漆喰壁とのなじみもいい。吊り戸棚があるとその存在が強調されますが、ないと、壁面をタイルなどで美しく仕上げることができます。

設計時、「5ｍもあるキッチンなんてどうなんだろう。目立ちすぎるのでは？」と心配していた建主も、完成した空間を見て安心納得。住み始めてからは、「使いやすく掃除もしやすい。若原さんの提案どおりにして大正解でした」といってくださいました。

見た目はスッキリ、
収納はたっぷり

左：キッチンの奥行きは75㎝。一般的なサイズより10㎝深くオーダー。大皿などを置いても作業がしやすい。
右：スライド収納は吊り戸棚より出し入れしやすく、奥まで有効に使える。また引き出しごとに、ガラス、和食器といった分類もしやすい。

21

働きものの「土間」を小さな家に

昔の民家には土間、文字どおり〝土の間〟がありました。ときを経て、近年、土間の部屋が「おしゃれでカッコいい」と新鮮に受け入れられています。コンクリートやモルタル塗り、あるいは石やタイル張り。住まいの一部（大半の場合もありますが）を土間にすることでインテリア性が高まり、ラフに多目的に使えるスペースが生まれます。

「小さな家でそれができるの？」と思う方がいるかもしれませんが、はい、じゅうぶん可能。その好例が写真の「清瀬の小住宅」です。建主は最初、「ＬＤＫのどこかを石の床にしたい」と希望。しかし、石張りは工事費が高くつき、予算的に厳しい。そこで、石に近い表情を安価で表現できる、モルタル塗りの土間床を提案しました。ご主人の趣味は釣り。小学生のお兄ちゃんは昆虫が大好き。親子でキャンプにもよく行かれる。そんなご家族に、頑丈でアウトドア感あるモルタル土間床はぴったり、と思ったのです。建主も「おもしろそう」とのってくれました。

そして、1階（43㎡）のほぼ半分、玄関からダイニング、キッチンまでの床を土間としました。漆喰壁と同様、ここは左官屋の腕の見せどころ。壁は荒らしの仕上げで表情を出しますが、土間はピタっと平坦に仕上げ、使い勝手と風合いをよくします。

また、色が黒いのは、モルタル材料に炭《すみ》を混ぜたから。素のまま塗れば薄いグレーですが、黒土間にしたことで空間がぐっとシマりました。建主には「汚れが目立たないし、掃除もしやすい」と喜んでいただいています。

玄関からキッチン、ダイニングを土間に

右：土間とフローリングの段差は約20㎝。思わず腰かけたくなる、居心地がいい場所。

左：土間とフローリング、仕上げを変えて「場」を切り変える。正面右奥がキッチン。土間部分の天井高は2.1mと低く。

ソファと窓のいい関係

1章（P.38）でベンチを勧めましたが、ソファに異を唱えるわけではありません。ただし、家が完成してから選ぶのは禁物。間取り計画には、大物家具のサイズを把握しておくことが重要です。「ソファが大きすぎた」、「あと10㎝壁の位置をずらしておけばよかった」ということになりかねません。

私は、設計の早い段階で建主といっしょにインテリアショップに行き、どんな家具を置くか検討します。主に決めるのは、ソファ（もしくはベンチ）、ダイニングテーブルです。そして、家具のベストポジションを想定しつつ、設計を進めます。

存在感があるソファを、小さな家と相性よくなじませる。そのためには、窓とセットで計画すると効果的です。2.5シーター以上のソファはかなりボリュームがありますが、背面の壁に窓をつくれば、外への視線の抜けが圧迫感をやわらげてくれます。

窓のつくり方で留意したいのが、ソファとの間隔。背もたれから窓まで10㎝前後空けます。これでソファの納まりがぐんとよくなり、部屋に素敵な風景がつくり出される。背もたれが窓にかかっていたり、窓との間隔が大きく空いていると、アンバランス。どこかリラックス感に欠ける居心地になってしまいます。そうならないためにも、あらかじめ家具のサイズを知っておきたいのです。

写真の「椎名町の住まい」では、ソファの右上に10㎝の間隔をあけて縦長窓を配置。左側にはブラケットを付けました。窓からは隣家の緑が望めます。階段を上がって2階のLDKに入ると、真っ先にこの場所が目に飛び込んできて、気持ちがいいのです。

ソファと窓の
バランスが重要

階段室からリビングを見る。ソファの真ん中に窓がくるのではなく、アシンメトリーにすることで、かえってバランスよくおしゃれな印象に。

用途を決めない「あいまいスペース」こそ大事

デザインにおいて「美しい」とか「気持ちいい」と感じるものには、「余白」があります。建築では空間に「間《ま》」がある、とよくいいます。派手な装飾や過剰な機能を詰め込むのではないシンプルさ。受け手に何かを感じさせるものには、必ず「余白」や「間」があります。

小さな家の間取りにも、意識して余白をつくります。つまり、〝用途を特定しないあいまいなスペース〟をあえて設けるのです。

間取りを考えるとき、たいていの人は、ムダなく部屋を詰め込もうとするのではないでしょうか。半畳でも空きがあれば、「もったいない、ここは収納にしよう」と考えたりするものです。

しかし、それでは心地よい住まいにはなりません。リビング、ダイニングといった室名では表せない場所。そんなスペースがあってこそ、おおらかで心地よい空間ができあがります。

左写真は「霧が丘の家」の2階（P.20）。階段を上がったところに現れる、ポカンとあいたスペース。ここが空間の余白にあたります。ワンルームの南側に配したダイニングと、北側（写真左奥）のリビングとの間の〝領域の重なり〟といえるフレキシブルなスペースです。ワンルームの広い部屋だから結果的に空いたわけではなく、計算づくで設けた大事な余白です。この〝一拍〟がないと、おおらかな空間とはならないでしょう。

どう使ってもかまわないし、使わないままでもいい。ムダなく機能一辺倒の住まいはつまらない。ゆとりある空間と暮らしをもたらすために、余白のつくり方にこだわります。

空間にあえて
「余白」をつくる

右：2階の階段ホールを少し広めにして、自由に使えるスペースに。現在はソファを置き、家族がちょっと談笑する場所に。（小さな庭の家）

左：階段を上がったところに現れる「余白」としてのスペースが、小さな家にゆとりを生む。（霧が丘の家）

臨機応変に使える子ども部屋

小さな家の建主は、未就学児がいる30代のご夫婦がもっとも多い。設計を進める中で当然、「子ども部屋をどうつくるか？」の課題がもちあがります。その際にぜひ考えてほしいのが、子どもがプライバシーを要求する期間は、それほど長くないということ。その期間だけのために、最初からきっちり個室をつくってしまうのは、スペース的にもったいない話です。

今まで語ってきたように、小さな家には、ひとつの場所をいく通りにも使う〝多目的〟や〝兼用〟の考え方・つくり方が大切。子ども部屋も臨機応変に使えるかたちにしておくほうが、必ずや重宝します。

写真の「清瀬の小住宅」にも、設計当時、2人の小さな子どもがいました。子ども部屋は2階に設け、共有型のワンルームに。1階LDKの吹き抜けに面して、高さ90cmの腰壁をつくり、上下を立体的につなげました。また、壁面収納はなくし、レイアウト自在な置き家具で対応。写真（下）の白い戸棚だけは私から提案したオーダーメイドで、兄妹それぞれにつくりました。いずれこの戸棚を使って部屋を仕切ることを考えています。

また、この家は1階にテレビを置いていません。現在は手持ちのテレビを子ども部屋に置き、夕食どきにどうしても見たい番組があれば、家族みんなでこの部屋でごはんを食べるそう。そんなセカンドリビング的な使い方ができることも、臨機応変に使える空間効果。さらに、お子さんが巣立った後、ご夫婦が趣味室などに使えることまで考えた場合も、個室より柔軟に対応します。初期コストが抑えられ、生涯に渡って有効利用できる間取りです。

レイアウト自在な子ども部屋

左上：現在は兄妹共有のスペースとして使用。高さ90cmの腰壁の向こう側は、1階リビングとつながる吹き抜け。

左下：造り付けのように見える白い戸棚は、あえて可動式に。ほかの収納家具は以前から使っていたもの。

図面左は現在のレイアウト。右は将来、仕切るときの案。最終的には仕切り壁を施工することまで想定している。

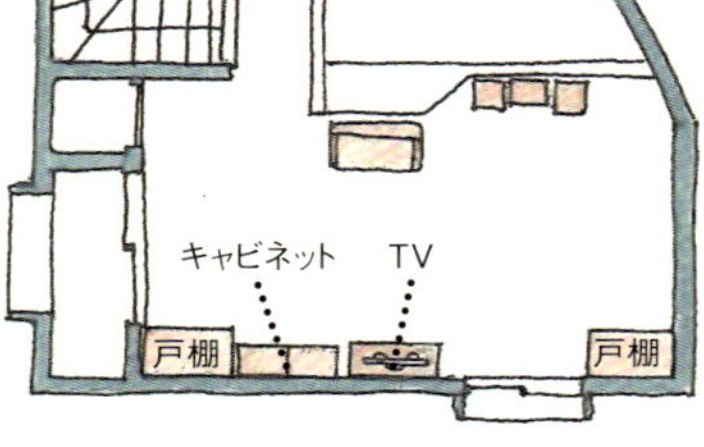

□ 現在の共有使用

→

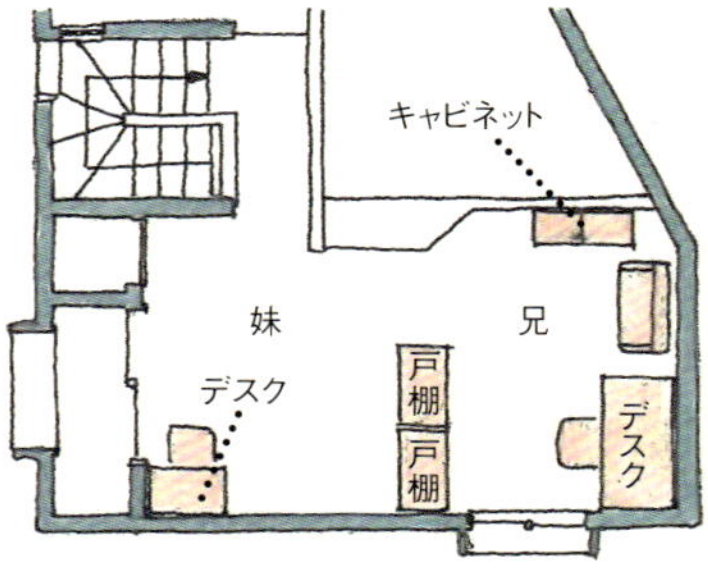

□ 将来のセパレートプラン

家族の時間をつくる間取り

ひと昔前の住宅は、玄関に入るとすぐに階段があり、子どもは親と顔を合わせずに2階の個室へ直行、という間取りが一般的でした。その後、親子のコミュニケーションが見直され、リビングに階段を設けた、〝リビングアクセス〟の間取りが流行りました。写真の「千石の住まい」は、さらにそこから進化させた間取りといえます。

建坪14坪。1階に主寝室や水まわり、2階にLDK、3階に子ども部屋を設けた3階建て。建主の要望は、共働きで忙しいため、子どもとコミュニケーションが取りやすい間取りにすること。また、リビング・ダイニングでゆったりくつろぎたいから、生活感が出ないようキッチンは独立型に、とのことでした。

そこで考えたのが、階段室をキッチンとつなぐ間取りです。奥様がよくいる4畳のキッチンを階段と同一空間に配置。こうすることで、子どもが3階の自室を行き来するとき、必ずコミュニケーションをとることができます。キッチンは階段に向けたカウンター型に。前面の立ち上がり壁を、階段の踊り場と同じ高さにそろえたことで、子どもが踊り場に腰かけて、料理をする親としばしおしゃべりすることも。

また、階段の向こう側には家族共有の小さな書斎を設けました。子どもがここで勉強していると、キッチンから覗くことができます。

このように間取りの工夫によって、〝家族の時間〟をつくり出すことができるのです。

建坪14坪。
家族をつなぐ階段室

上：正面の箱階段の奥がキッチン。手前の書斎は階段2段分下げて、カーペット敷きに。
左上：キッチンから家族共有の書斎（3畳）を見る。子どもが小学生のうちはここを勉強部屋に。右側の開口部先がリビング。
左下：3階の子ども部屋から階段を通してキッチンを見る。上から下から声をかけても、会話が交わせる距離。

断面図。敷地面積79.70㎡、1階床面積37.75㎡、2階46.37㎡、3階19.87㎡。北側に階段やキッチンをまとめる。

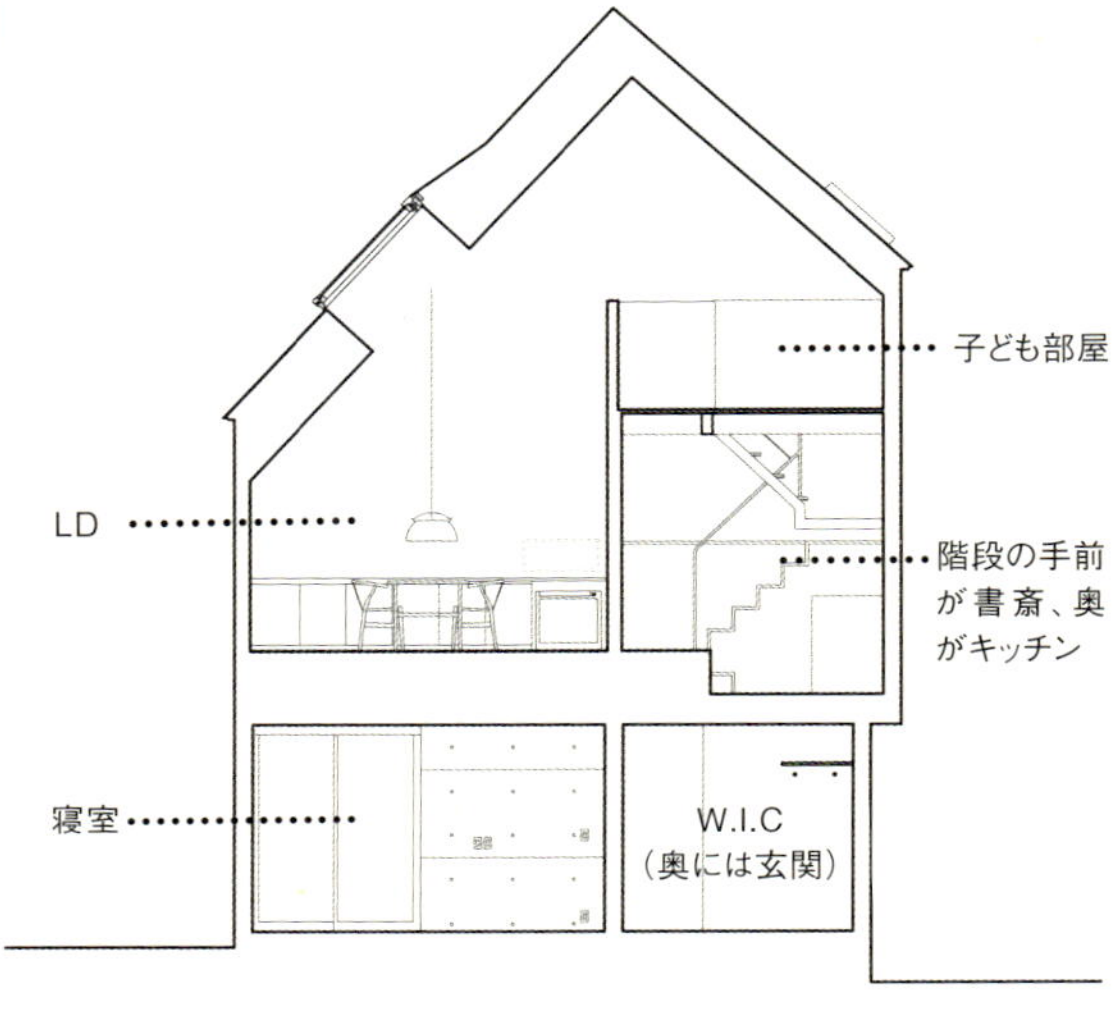

踊り場を部屋にする

家を建てるとき、憧れの上位に入るのが書斎。小さくても自分だけの書斎が欲しい。それを実現した事例をご紹介します。

写真の「あがり屋敷の家」は都心に建つ建坪10坪、地下階から2階まである3層住宅。02年、両親のために設計しました。母からの要望は、「本を読む、手紙を書く、絵を描くなど、いろんな場所がある家が欲しい」でした。

それに応えるヒントになったのが、直前のオランダ旅行で見た、リートフェルト設計の「シュレーダー邸」です。とくに魅かれたのは、階段の踊り場。2畳もないその空間に造り付けのベンチや電話があり、〝ひとつの居場所〟としてデザインされていたのです。

「あがり屋敷の家」は敷地条件と必要な部屋を考え、玄関のある南側に階段を配置しました（P.82）。そしてシュレーダー邸に習い、3層のフロアからできる2つの踊り場を、母の要望をかなえるスペースにしようと計画。そのため、踊り場は広めに設計しました。

左の写真は、玄関から半階上がった1階の踊り場です。建て込んだ敷地で唯一抜けのある、南の道路側を大きなFIX窓にし、椅子を置いて本を読む場所としました。明るい日差しのもと、借景の緑を眺めながら過ごせるこの場所は、「つい長居しちゃうの」と母のお気に入りです。

写真下は1階と2階の中間の踊り場。こちらには造り付けデスクを備え、手紙を書く場所に。小さな窓も設けました。

いずれも広さは2畳ほど。部屋数が少なくても、踊り場ひとつ工夫を凝らせば、心地よい書斎を持つことも夢ではありません。

2つの踊り場を
個性が違う“居場所”に

右：2階LDKから半階下りたところにある、2畳半の“書斎”。階段途中にあっても不思議とデスクワークに集中できる。
左：玄関から半階上がると、大きな窓がある2畳の踊り場。椅子を置き、絵や雑貨を飾り、リラックス度満点。

親子で使える半個室空間

「お母さん、今日のごはんはなあに?」、「○○よ。もうすぐできるけど、宿題終わった?」。デスク正面の窓ごしに交わされる会話が、聞こえてきそうなこの間取り。設計を依頼されたとき、5歳と7歳のお子さんをもつ「椎名町の住まい」(平面図P.148)の建主は、「子どもの勉強コーナーをリビング・ダイニングの近くにつくりたい」、さらに「キッチンから見えるように」と希望されました。

そしてできあがったのが、2畳半ほどの小部屋。リビング・ダイニングに面した出入り口に扉をつけず、「半個室空間」のかたちに。キッチンと隣り合う壁には、幅74cmの窓を設けました。お互いが見え隠れすることで安心感が高く、このご家族に適切な親子の距離感を考え抜いた間取りです。

子どものためのスペースは、年齢や教育方針によってさまざまなかたちを提案してきました。概していえるのは、個室が必要な時期はせいぜい10年程度だということ。その点を深く考えず、子どもがいるから子ども部屋をつくるのはあたり前、と個室をつくるのは賛成できません。巣立った後、子ども部屋が物置同然になってしまうのはよくある話です。でも、このような半個室型であれば、後のちご主人の書斎に、奥様の家事室に、家族共有のパソコンコーナーに、と多用途に使いまわすことができます。

たった2畳半でも小さな家にとっては貴重。間取り計画では〝スペースの兼用〟を常に考え、家族構成やライフスタイルが変わっても、家じゅうが豊かな暮らしの場となりえること考えます。この小空間の使われ方が、ご家族の歴史を物語る一端になるはずです。

2.5畳の フレキシブルな書斎

左上:幅1.7mの造り付けデスク。上には本棚。正面の小窓の向こう側はキッチン。コンセントと、幕板で隠した手元灯を備える。

左下:閉鎖的にならないよう、あえて扉はなくした。リビングやダイニングから子どもの姿が見え隠れするだけで、安心感がある。

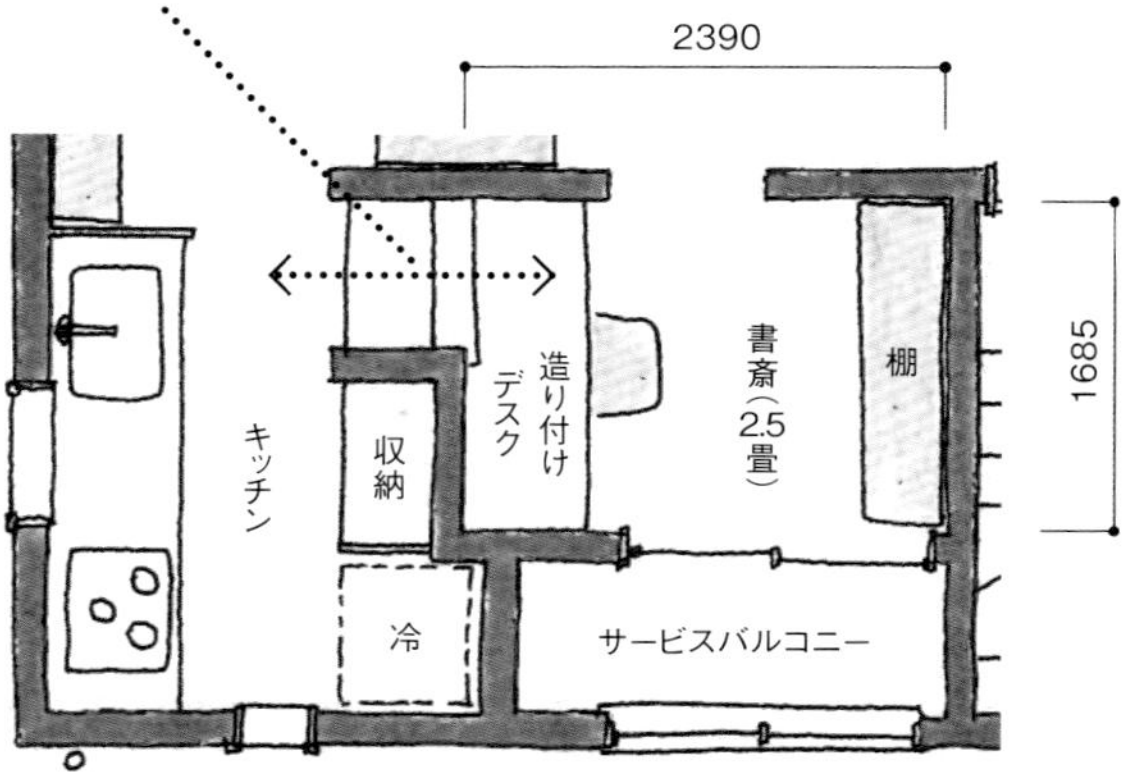

2階LDKの全体は17畳。書斎奥(南側)には、物干し用のサービスバルコニーを。子どもの勉強室に家事動線を「兼用」させた。

小さな和室をつくる

昔の長屋はまさに小さな家。そこでは6畳か4畳半程度の茶の間を、さまざまな用途に使っていました。今でいうリビング、ダイニング、寝室、ゲストルームなど、多くの役目をひとつの和室が包括していたのです。小さな住まいの「畳の間」効果、優秀さを物語っているではありませんか。これを現代の小さな家にも、生かさない手はありません。

とはいえ、小さな住まいですから、広さは2～3畳でじゅうぶん。個室ではなく、リビング・ダイニング（LD）と同じ空間に、腰壁などでゆるやかに仕切ります。そうすれば、日々の暮らしの中で、畳スペースを頻繁に利用することができます。また、和風に偏りすぎずシンプルにつくったほうが、LDと調和します。

写真の「汐見坂の家」は建坪17坪。敷地の西側に緑豊かな公園がある好立地です。2階（50㎡）はワンルームLDK。その一角に、小上がりのかたちで3畳の小さな和室をつくりました。西側壁には、大きめの窓をとり、公園の緑を美しく切り取ります。畳に座ったときの目線の高さにちょうどよく、和室の居心地を高めます。

子どもたちは、和室におもちゃを広げて遊んだり工作をしたり。ご主人はゴロンと寝転がって本を読むのがお気に入り。奥様はここで洗濯物を畳んだりアイロンをかけたり、家事コーナーして重宝しています。

別の事例で和室をつくったお宅は、赤ちゃんのオムツを替えたり昼寝をさせたりと、小さな和室は育児にも大活躍。昔ながらの畳の間のよさは、小さな家でこそ実力を発揮します。

**たった3畳の
眺めのいい和室**

公園の借景窓には、桟がない1枚ガラスの横滑り出し窓を採用。まさにピクチャーウィンドウ。（鷲海達矢建築設計事務所と共同設計）

空間の広がりを感じさせる斜めの壁

小さな家であっても、敷地が長方形もしくは正方形で、なおかつ、建坪が15坪あれば理想的。間取りにも、キッチンや家具のレイアウトにも、そう苦労することはありません。しかし都心部に住みたいとなると、坪単価が高いために、10坪程度の敷地でも用意できれば御《おん》の字。当然、建坪はひとケタ台。これでは理想の半分です。

しかも変形地となれば、四角い建物は望むべくもありません。敷地面積に対して可能な限り建物の面積をとりたいので、三角の敷地なら平面が三角形の家となり、部屋のかたちにも響きます。

でも、難条件であればあるほど、設計に燃えるのが建築家の性《さが》（笑）。変形狭小地を逆手にとり、広びろダイナミックな空間にしてみせるぞ、とあの手この手を考えます。

左写真の「恵比寿の五角形」は、都会のど真ん中に建つ家。敷地は三角形の2辺の角をちょんと切ったような変形五角形。敷地は14坪、建坪は7坪足らず。地下1階、地上2階の3層住宅（延べ床面積75㎡）とし、2階（25㎡）を丸まるLDKとしました。

敷地の形をそのまま反映させたLDKは、角度45度の斜めに切った平面に。天井高は5.3mとめいっぱい高くとり、大きな斜めの壁と急勾配の天井が織りなす、多面体のような空間としました。

立体的な手法をとった結果、25㎡でもダイナミックな空間とのびのびとした住み心地が実現。もともとこの土地に住んでいた建主からは、「前の家からは想像できないほど、広びろしていますね」とのうれしい言葉が。設計に、ふつうの住宅の3倍の期間（13カ月）を費やしたかいがありました。

わずか25㎡。
光の陰影が美しい空間

多面体のようなダイナミックな空間が、狭さを感じさせない。黒瓦を混ぜた漆喰で粗く仕上げた壁と天井が、光の陰影をつくり、空間に奥行きを生む。

ほどよくこもれるスペースをつくる

ときに家族とちょっと距離をとり、ひとり静かに過ごす。たとえ小さくても、そんな時間がもてる住まいにしたいと常づね考えます。かといって個室をつくるわけではなく、大きな空間の中にどこか1カ所、「ほどよくこもれるスペース」をつくるのです。

空間はつながっていても、こもり感を出すためには、囲み方がポイントです。小さなスペースを低めの腰壁で囲う、あるいは、そのスペースだけ天井高をうんと低くする。いずれも効果的で、後者はちょうど、崖に掘った横穴のようなイメージになります。

写真下は、前ページでも紹介した「恵比寿の五角形」。2階LDKのリビングスペースです。変形フロアの角を生かして設け、天井高はここだけ1.9mに。広さにして2畳弱ほどの小さな小さなリビングですが、建て込んだ敷地で唯一抜けがある方向にとった大窓が、圧迫感を解消。天井の低さとあいまって、ちょうどよい〝こもり感〟になったと思います。2畳弱の個室だったらそうとう窮屈ですが、ワンルームを縦に横に、メリハリあるつくり方をすれば、このようなスペースどりが可能です。砕いた黒瓦を混ぜたグレーの漆喰壁も、落ち着いた居心地を高めています。

写真左は、延べ床面積79㎡の「鎌倉の分居」。2階の一角を高さ110㎝の腰壁で囲い、ご主人念願のオーディオルーム（4畳半）に。1階と空間はつながっていますが、下から見上げても中の様子は見えません。この家は週末ハウスとして使われており、ご主人はここで音楽を聴くのがなによりの楽しみだそう。〝ほどよく囲んだ〟つくり方で閉鎖感を解消した、隠れ家的スペースです。

天井を下げたり囲ったり こもり感を出す

右:変形フロアの角を生かした、こもり感ある小さなリビング。グレーの壁天井に囲まれ、ほら穴にいるような安心感が。
左:圧迫感を与えず、1階からは見えない高さ110㎝の腰壁。床座りで過ごすので、この高さでもこもり感は上々。

階段は12段がエレガント

トントントン。いい階段は上《のぼ》るときのリズムがいい。上りも下りも足取りが軽く疲れにくい。そして、見た目もいい。急できつそうな感じがしなく、エレガントなたたずまいを醸し出しています。

階段の設計はどこか家具のデザインに近く、建築家の意図や世界観がもっとも表れる場所です。

「階段の達人」と呼ばれた建築家、村野藤吾設計の日生劇場（62年）の階段は、エレガントという言葉がピタっとはまります。まるでハリウッド俳優が、優雅に下りてくる姿を連想させるような美しさ。私が大好きな名作階段のひとつです。

階段を構成するのは「蹴上《けあ》げ」と「踏面《ふみづら》」。小さな家の設計では、蹴上げ200㎜以下、踏面240㎜以上を基本としています。比較的ゆるやかで上り下りしやすく、なおかつ、エレガントに見えます。

さらに、階高《かいだか》を2.4mと低めに抑えているので、段数は12段となります。こうつくると1階と2階の距離が近くに感じられて、上下移動が苦になりません。立体的に空間を利用する小さな家では、この〝階段の使い勝手〟は重要です。

面積に余裕がないと、つい急勾配にしたり、らせん階段にしがちです。そのほうが省スペースですみますから。しかし、階段の設計をないがしろにすると、暮らしの動線が面倒なことになります。

また、階段の段数だけでなく、蹴上げや踏面、手すりなどの素材にもひと工夫したいところ。毎日触れるところですから、身体が気持ちいいと思える素材を使います。上り下りするだけの場所にせず、心地いい空間にしたいと心がけています。

手すりの素材や厚みにもこだわって

笠木（かさぎ）と呼ばれる手すり上部の板はツガ無垢材。写真下、ダイニング側の手すり壁を薄くすることで、階段と部屋の一体感を高めた。（小さな庭の家）

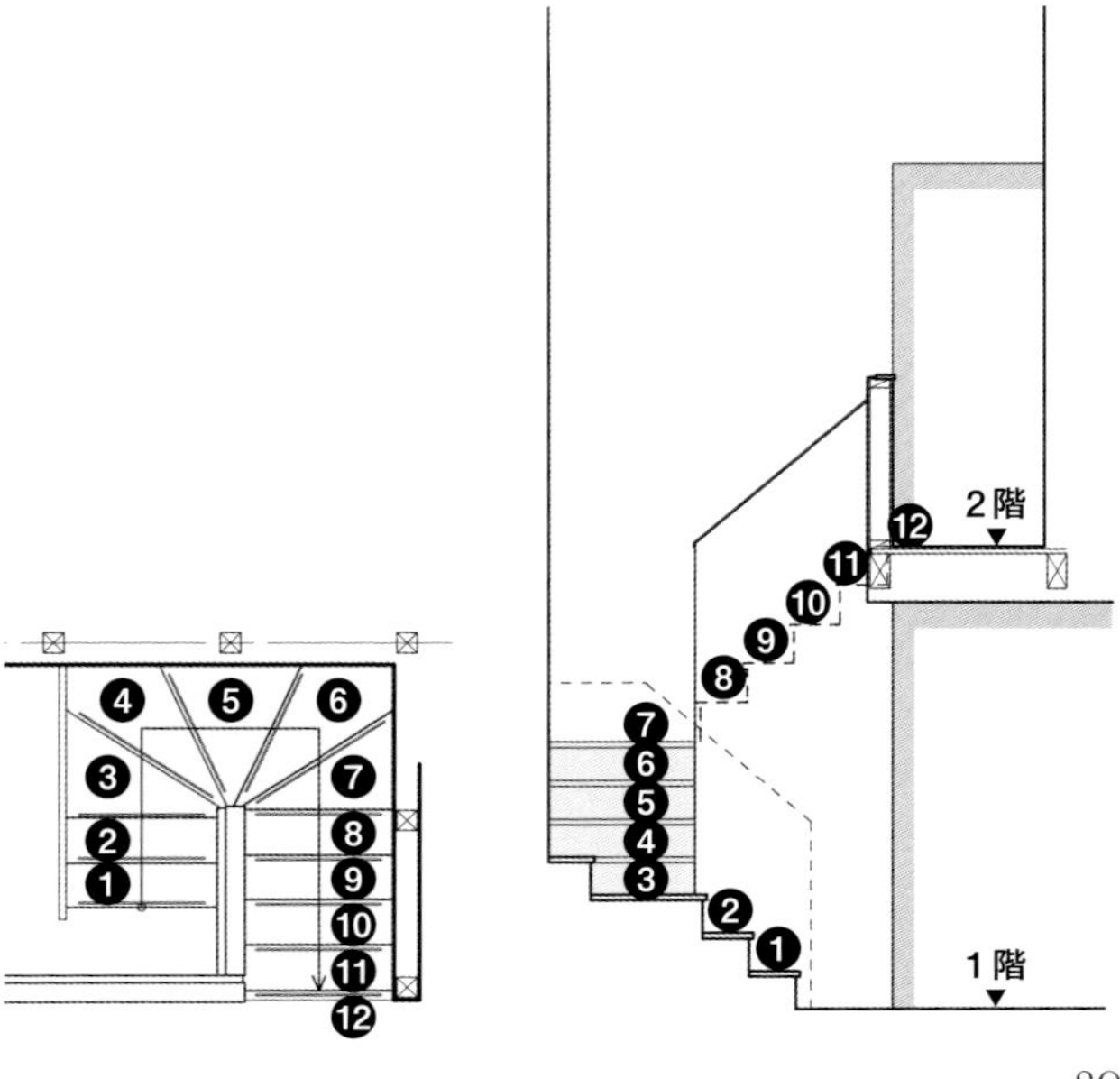

「小さな庭の家」階段平面図と断面図。蹴上200㎜、踏面240㎜のコンパクトなまわり階段。「階高（1階床～2階床の高さ）2.4m、段数12段」のルールは、住まい全体が使いやすくなる寸法。

階段位置が間取りを左右する

初めての家づくり。建主にとって、間取りを考えるのは楽しい作業です。リビングは日当たりのよい南に、ダイニングは……と、こだわりの優先順位が高い場所から決めていくのがふつうです。

しかし、小さな家の場合、階段位置が重要。それが決まらないことには間取り計画が進まない、といえるくらいに。前項のように、階段には一定の寸法があります。家の面積が小さいからと、部屋面積を削ることはできても、階段を小さくすることはできません。そうすると、平面計画において、階段面積が占める割合がかなり大きくなります。しかも、上下をつなぐ動線の要ですから、階ごとに好きな位置にとるわけにはいかない。階段スペースをひとつの大事な部屋としてとらえ、小さな家のどこにこの立体的な部屋を設ければベストか？　この点を考え抜きます。

写真の「あがり屋敷の家」（敷地19坪、建坪10坪）では、階段位置をあえて南側に配しました。一般的には、南に窓をとることを優先して、階段を北側にもっていきがちです。でもこの家では、南の前面道路に玄関を設け、その上部を階段空間としました。ならば玄関を北側にすればいいのでは？　と思うかもしれませんね。しかし、敷地が狭いために、建物の北側までアプローチをとるのは不可能。さまざまな条件から、南階段がベストとなりました。

1階踊り場に大きな窓をつくり、ここからの光が階段室を介して上下階にやわらかく広がります。また、踊り場を小さな部屋として生かしたり（P．70）、腰かけて本が読める仕掛けもあり（P．124）、階段が「多目的空間」として活躍します。

階段の手すり壁をなくして光を届ける

階下に見える1階踊り場の大きな南窓（P.71）からの光が上下階に広がり届くよう、階段の手すりはフレームのデザインに。

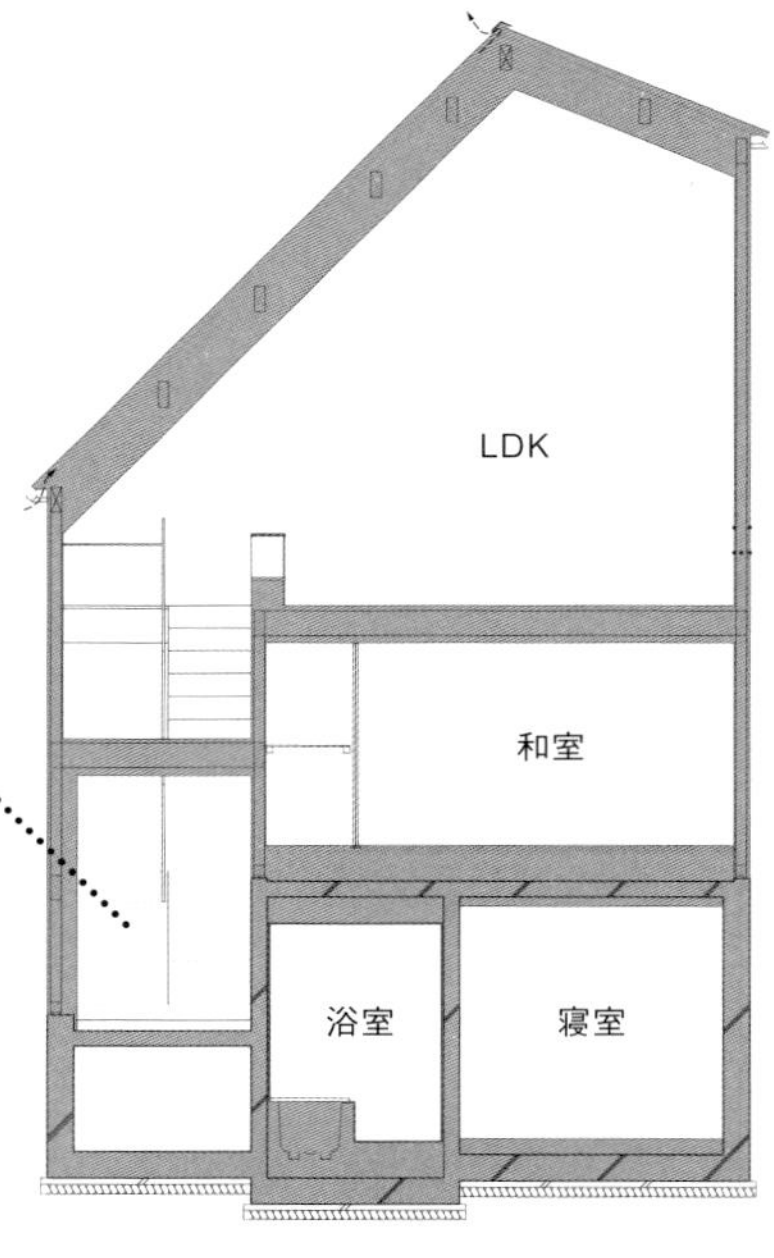

「あがり屋敷の家」断面図。小さな家の設計において、階段位置を考えるときは、断面計画も同時に考える。階段は立体的に思考することが大切。

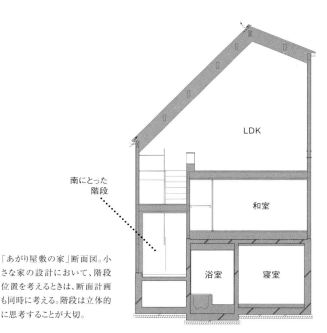

33

玄関は質素でじゅうぶん

住まいをひとつの曲に例えると、玄関はイントロ、ダイニングやリビングは、聴かせどころのサビにあたるのではないでしょうか。イントロが静かなメロディで始まると、その先への期待感が高まり、サビに入ったとき心揺さぶられる。そんな構成は、どこか小さな家のつくり方に似ています。

初めて訪れた人が大空間のリビング・ダイニングに入ったとたん、わあっと魅了される。そんな住まいを理想とし、玄関はシンプルかつ、〝奥への期待感〟をもたせてつくります。

もちろん、家は来客のためにつくるわけではありません。要は「メリハリをつける」ことが大事。また、玄関は靴の収納以外に、外から帰って来て「ひと呼吸おく」場でもあると考えます。それらの条件からいうと、玄関は広すぎず狭すぎず適正なスペースと、必要最低限の機能があればじゅうぶん。「質素につくる」とはそういうことで、決してローコストが第一の目的ではありません。

写真の「辻堂の家」のタタキ、玄関ホールはそれぞれ約1畳、天井高は2.2mと低めに抑えました。タタキは安価で質感のよいモルタル塗り。下駄箱はつくらず、玄関横にシューズクローク（ホール右側・1畳）を造作しました（P.95）。防犯面を考えて、無理に窓を設けることはしません。

また、出掛けるときサッと確認できるよう、漆喰壁には姿見を。ナラ材の手掛けは、靴を脱ぎ履きするときや、傘を一時的に引っ掛けておくのにも便利。質素でも不便ではないように、さり気ない工夫をしました。

本物の素材で
シンプルに仕上げる

漆喰の壁・天井、無垢フローリングのホールに加え、タタキはモルタル塗り、手掛けはナラ材、姿見は市販の鏡に大工が木枠を取り付け、白く塗装した。

**引き戸は
まさに動く壁**

4枚の引き戸は、壁につくった戸袋にぴったりと納まり、さらに戸袋のフタ(写真の縦長板)を閉めると、完全に姿を消す。

34

引き戸を動く壁として活躍させる

ひとつの空間を多目的に使うには? 小さな家の間取りは、常にこの点を考えます。そこで有効なのが「引き戸」。ふだんは開け放して空間を広びろと使う。ときに応じて閉めれば、また別の使い方ができる。単なる出入り口ではなく、「動く壁」のような役目をしてくれる優れモノです。

「壁」のように機能させるためのポイントは、戸を天井までの大きなサイズでつくること、和室・洋室に関わらずシンプルなデザインにすること、フルオープン可能にするために戸袋をつくること、この3つです。

また、引き戸はドアのように開閉スペースを必要としないので、狭い通路などに面した開口部にはもってこい。小さな子どもや高齢者がいる住まいでは、便利に安全に開け閉めできる点でお勧めです。

写真の「あがり屋敷の家」の和室にも、天井サイズのシンプルな大きな引き戸を4枚建て付けました。日中は開放して、手前のワークスペースとひと続きに。和室の窓からの光が隣室まで届き、風通しも良好です。夜は閉めて寝室として使用。和室の使い方に応じて1枚だけ、2枚だけ、と開閉具合がコントロールできる点も便利です。

第3章

長く美しく住み続ける工夫

小さな家に「老朽化」はありません。いつまでも美しく、住むほどに味わいを増していき、メンテナンス費用も抑えられる。一生涯快適に暮らせるつくり方の秘訣。

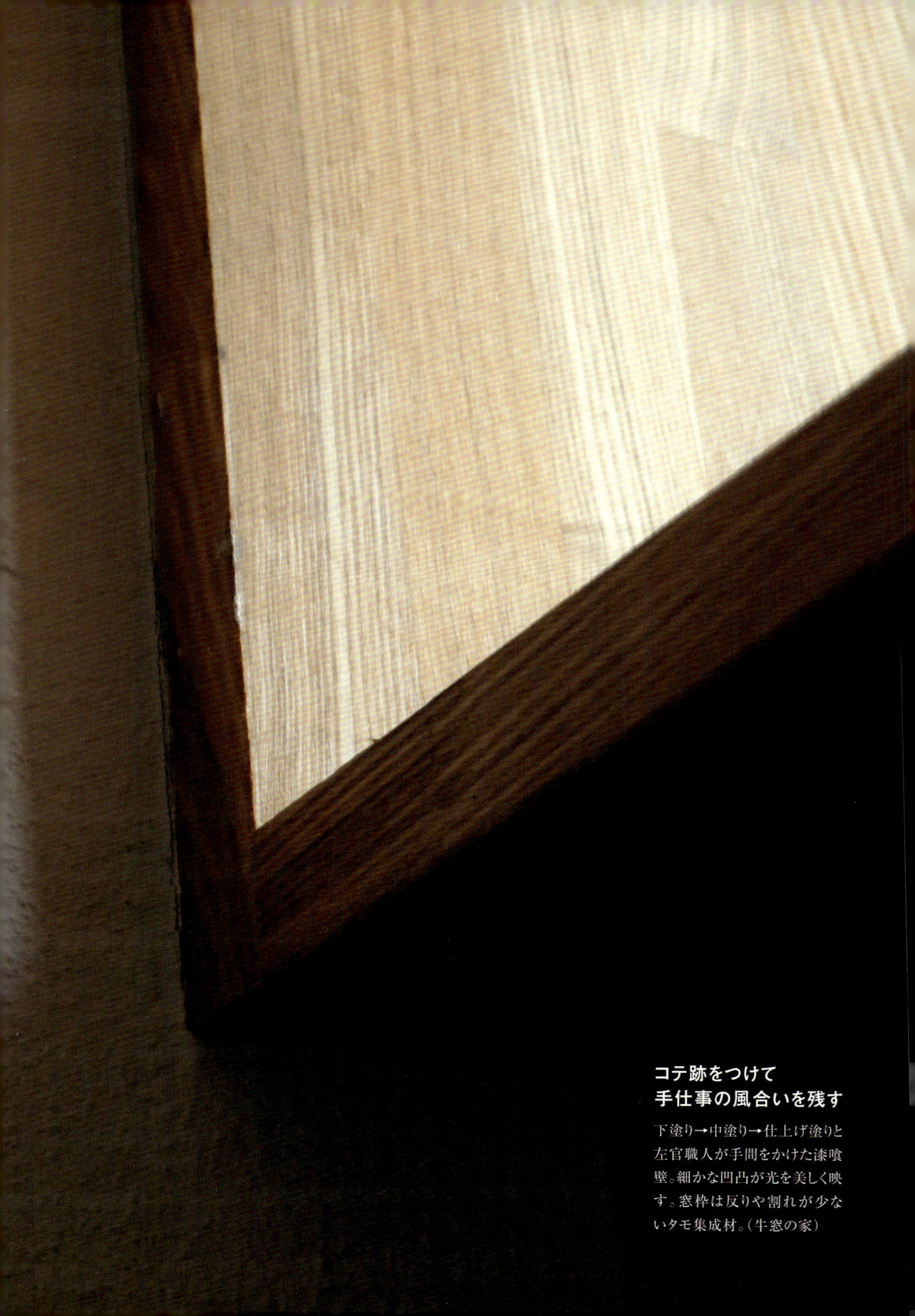

コテ跡をつけて
手仕事の風合いを残す

下塗り→中塗り→仕上げ塗りと左官職人が手間をかけた漆喰壁。細かな凹凸が光を美しく映す。窓枠は反りや割れが少ないタモ集成材。(牛窓の家)

35

本物の素材を使う

小さな家を、長く美しく住み続けることができる住まいにする。そのためにまず大切なのが、素材の選択。できるだけ「本物の素材」を使うように努めます。

本物の素材とは、おおむね自然素材のことですが、私は「経年変化が美しい素材」と位置づけています。年月とともにいい表情になっていく。工場で生産される人工建材に、それは望めません。

近年、印刷技術の発達で、見た目が限りなく本物に近いプリント合板や壁紙を見かけます。安価なので、建売住宅などによく使われています。しかし、新築のときはきれいでも、5年10年と経つにつれ、はがれたり、色あせたりすることがほとんどです。それだと、長く美しくとはいかないですね。

私が床材で多く使うのが、ナラ、スギ、パインなど。コーティングはツヤツヤしたウレタン系ではなく、素材が生きるオイル系で仕上げます。ナラは固めの木なので傷がつきにくく、年月を経るごとに色が濃くなっていきます。パインはやわらかいので傷がつきやすいのですが、昔の小学校みたいに味わいのある床に変化。お子さんがいる住まいによく使います。無垢の木材は、人工建材より断然足触わりがいい。夏は裸足で歩きたくなるほどです。

漆喰の壁は壁紙のように色あせたり、経年劣化で全面改修する必要がありません。軽い汚れは消しゴムや紙やすりで落とせますし、頑固な汚れでも、部分的に漆喰を薄く上塗りすれば元どおり。

本物の素材にこだわった小さな家の魅力は、20年後30年後にこそ本領発揮。家族の歴史が刻まれた美しい住まいが約束されます。

紙と木でつくる障子も"本物の素材"の建具。障子紙の張り替えさえすれば長い年月劣化することはない。床はナラ材の無垢フローリング。(牛窓の家)

将来、土足で使うギャラリー空間の床をコンクリート土間仕上げに。汚れにくく耐久性に優れ、多少ヒビが入るがそれも味わい。(霧が丘の家)

薪ストーブの置き場所。ナラ無垢フローリングを保護するために大谷石を敷く。素朴な風合いがインテリアとしても効果的。(霧が丘の家)

ナラ無垢材でつくった押入れの枠。このような細部まで本物の素材にこだわる。自然な木目が美しく、粗く仕上げた漆喰壁との相性もいい。（霧が丘の家）

杉板を白く塗装した壁。うっすら木目を残しつつモダンな仕上がりに。窓台はナラ無垢材。白塗装の建具はマツ材でつくった網戸。（牛窓の家）

家の外壁。「焼杉（やきすぎ）仕上げ」と呼ばれる表面を焦がし炭化させた材を張る。耐候性に優れ、この家が建つ岡山の伝統的技法。（牛窓の家）

吹き抜けの天井部。漆喰が生み出す陰影が、空間の輪郭を引き立てる。"壁より天井をやや粗めに塗る"という左官職人の細かい技も。（清瀬の小住宅）

ここその窓は木製建具

窓の表情ひとつで、部屋の居心地も外から見た印象も大きく変わります。アルミサッシは気密性に優れ、価格も手ごろなので汎用性が高い。木製建具は、自然素材ならではの温かな風合いで、上質感を一気に高めてくれます。しかし、やはり木ですから、サッシに比べて気密性や耐久性が劣るのは否めず、コストも高め。そこで、コストに大きく響くことなく心地よい住まいにする方法として、家族がいちばん長く居る場所の窓だけ、木製建具を使います。

近年、木製建具でも気密性の高さを謳った建材メーカーの商品が多種ありますが、私は建具職人につくってもらいます。デザインやサイズに自由が効き、メーカー品よりはコストを抑えられます。先ざき建て付けの調整などが必要ですが、〝職人が手をかけながら住み続けていく家〟というのは、現代において、とてもぜいたくな住まいの在り方ではないでしょうか。

左写真の「清瀬の小住宅」は、ダイニングのコーナー窓だけ木製建具を採用。網戸、木枠のガラス戸、障子の3枚が戸袋に収納できます。全開すると、内と外が続いているような居心地になり、庭の緑を近くに感じながら食事やお茶が楽しめる。アルミサッシでは、このようなフルオープン型のコーナー窓はつくれません。

写真右下は「小さな庭の家」のダイニング窓（P.25、49）。外側はアルミサッシにして気密性を確保。内側に桟のデザインをちょっと工夫した、木製建具の内開き網戸を入れました。室内からはサッシがほぼ隠れて見えません。コストを抑えつつ、窓の表情を豊かにするアイデアです。

いろいろな使い方ができる木製建具

右:アルミサッシの内窓として木枠の網戸を設置。これだけで室内の雰囲気は大きく違ってくる。

左:メインの外窓を木製建具にする場合は、右の内窓タイプより気密性に優れるよう、建具職人がより手をかけてつくる。

小さな家でも収納はたくさんつくれる

「小さな家って、収納スペースはきちんととれるの？」。そんな心配をする方のために、ここでは〝じゅうぶんにとれる〟つくり方をご紹介します。

多くの家に設けているのが、シューズクロークとウォークインクロゼット。壁面型より部屋型の方が高密度に収納ができ、かつ、フレキシブルな使い方ができます。いずれも広さは2畳（1坪）が理想。それ以上広いと、かえって使いにくい。「正方形の1坪（180cm角）収納」がベストです。

シューズクロークには、奥行き30cmの可動棚を取り付けます。2畳分の壁があれば、靴のほか掃除用具、工具、アウトドア用品、非常グッズなど、多種多様のものが収納可能。納戸と兼用させることで、省スペース化がはかれます。写真右下のシューズクロークが、その1坪2畳サイズ。棚板をコの字型に渡し、収納スペースたっぷり。玄関のタタキ続きの土間床なので、真ん中の空きスペースには自転車を置いています。土間床のクロークは、ベビーカーやショッピングカートなど、外用品をしまう場所としても好都合です。

ウォークインクロゼットも同様に、壁にハンガーパイプをぐるりと取り付け、衣装ケースと組み合わせます。よっぽどの衣装持ちでない限り、2畳あれば夫婦2人の服がすべて納まるはずです。

階段下のデッドスペースや、階段の壁も有効に使います。写真左上は階段下収納庫（2畳弱）。釣り道具などアウトドア用品が一括されています。左下は階段本棚。奥行き30cmの棚は汎用性が高く、小物などもしまえて重宝します。

多目的に使えて便利！
部屋型収納庫

右上:玄関の上がり口に1畳大のシューズクローク。靴だけでなく、納戸としてさまざまな生活用品を収納。引き戸を閉めればスッキリ。（辻堂の家）

右下:玄関タタキ脇、2畳のシューズクローク。以前は箱にしまったままだった靴の数々が一目瞭然に並ぶ。自転車置き場としても活用。（霧が丘の家）

左上:階段下スペースをムダなく生かした収納庫。ご主人の趣味のアウトドア用品をはじめ、左奥にはハンガーパイプを取り付け、小さなクロゼットとしても使用。（清瀬の小住宅）

左下:まわり階段の壁一面を本棚に。生活雑貨の整理棚としても便利。（椎名町の住まい）

Swift

キッチンに1畳のパントリーを

パントリーの本来の意味は「食品庫」です。しかし今、コンビニや長時間営業のスーパーが増え、宅配システムも普及。家にたくさんの食品をストックする必要性が薄れてきました。

さらに、私が設計する小さな家のキッチンは、収納豊富な〝長い1列型〟が基本（P．54）。収納スペースはたっぷりあります。

それでもなお、パントリーはあったほうがいい。食品庫としてというより、家電置き場として重宝するからです。キッチンがオープンなワンルームのLDKでは、家電の出しっぱなしは見栄えがよくない。リビングやダイニングでくつろいでいる目線の先に、炊飯器などが並んでいると、リラックスしにくいものです。

また、パントリーはつくり方次第で、主婦の書斎を兼ねることもできます。大きなスペースは必要ありません。たった1畳あれば、家電収納と書斎、両方の用途を満たすパントリーが手に入ります。

写真の「辻堂の家」にも、1畳ほどの小さなパントリーがあります。片面にデスク用の板を取り付け、パソコンや書きものをするスペースに。もう片面には可動棚を取り付け、炊飯器、コーヒーメーカー、オーブントースターなどの家電置き場に。独立型キッチンなのでパントリー入り口に扉は付けていませんが、ワンルームLDKの場合は、引き戸を付けて中が見えないようにします。美しい住まいを維持するために、ぜひおすすめです。

1畳のパントリーを設けて家電を収納。コンパクトなキッチンなので、カウンターを丸まる調理スペースに使えるのはありがたい。

棚板のサイズと枚数は置くものに合わせて

上:可動棚は暮らし始めてから注文可能。今は下半分を開け、ゴミ箱置き場にしている。家電を使うときはキッチンカウンターに運ぶが、3、4歩で行き来できるので造作ないそう。

左:デスク上部の段々を見てわかるように、パントリーは階段下スペースを有効に生かしてつくられている。

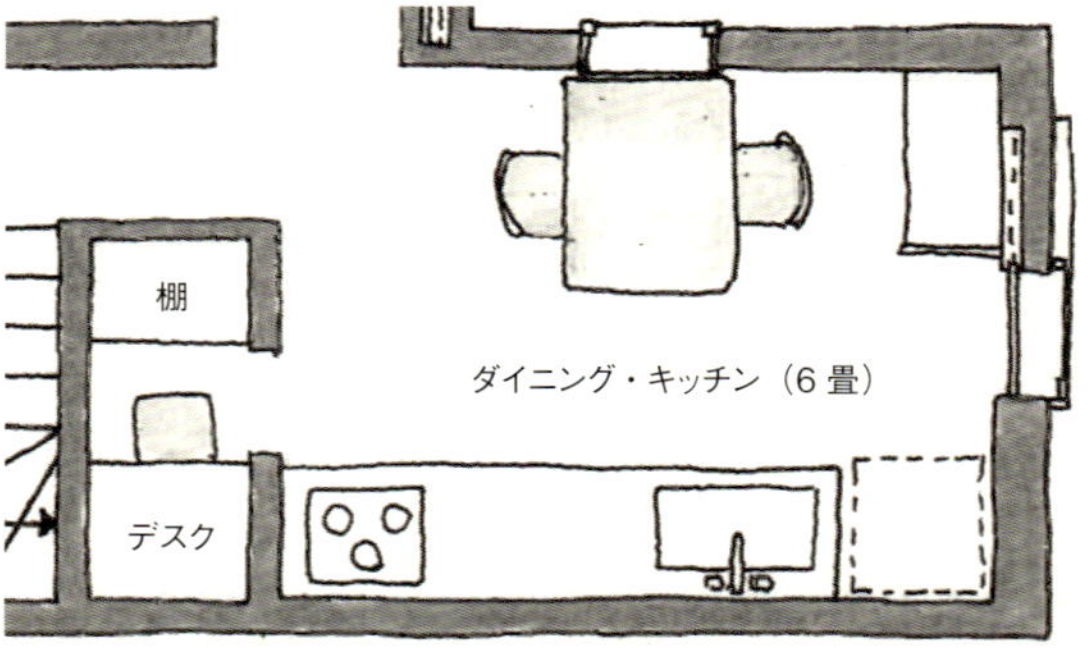

既製品をじょうずに活用する

建築家住宅には、キッチンや洗面台をフルオーダーメイドで設置した住まいが珍しくありません。でもそうするには、潤沢な予算が必要。適正価格でつくることを旨とする小さな家では、リーズナブルな既製品を適宜使います。

しかし、既製品をポンと設置するだけでは、どうも味気ない。そこでひと工夫。既製品と大工さんがつくるものを組み合わせて、デザインをグレードアップさせるのです。下のイラストと写真、「恵比寿の五角形」の洗面所がそのケースです。

この洗面所は変形の2畳。建主は「アンティークの鏡を」と希望されましたが、それでは収納不足。まずはシンプルなカウンターをつくり、2万円の既製品ミラーキャビネットを設置。この中にケア用品などをしまいます。そして、キャビネットに木枠を取り付け、白く塗装。カウンターにはモザイクタイルを張り、アイアンのタオル掛けをプラス。ローコストで美しい洗面台ができ上がりました。

写真左は「牛窓の家」のキッチン。本体は既製品（60万円）ですが、大工さんが造作したカップボードを組み合わせ、デザイン性が高いキッチンに仕上げました。ちなみにカップボードの工事費は18万円です。

このように、プラスαの工夫で既製品をじょうずに活用すれば、予算の範囲内で小さな家の質を上げることができます。

設計中に描いた洗面所の完成予想スケッチ。建築図面ではわかりにくいインテリアのイメージが建主によく伝わる。

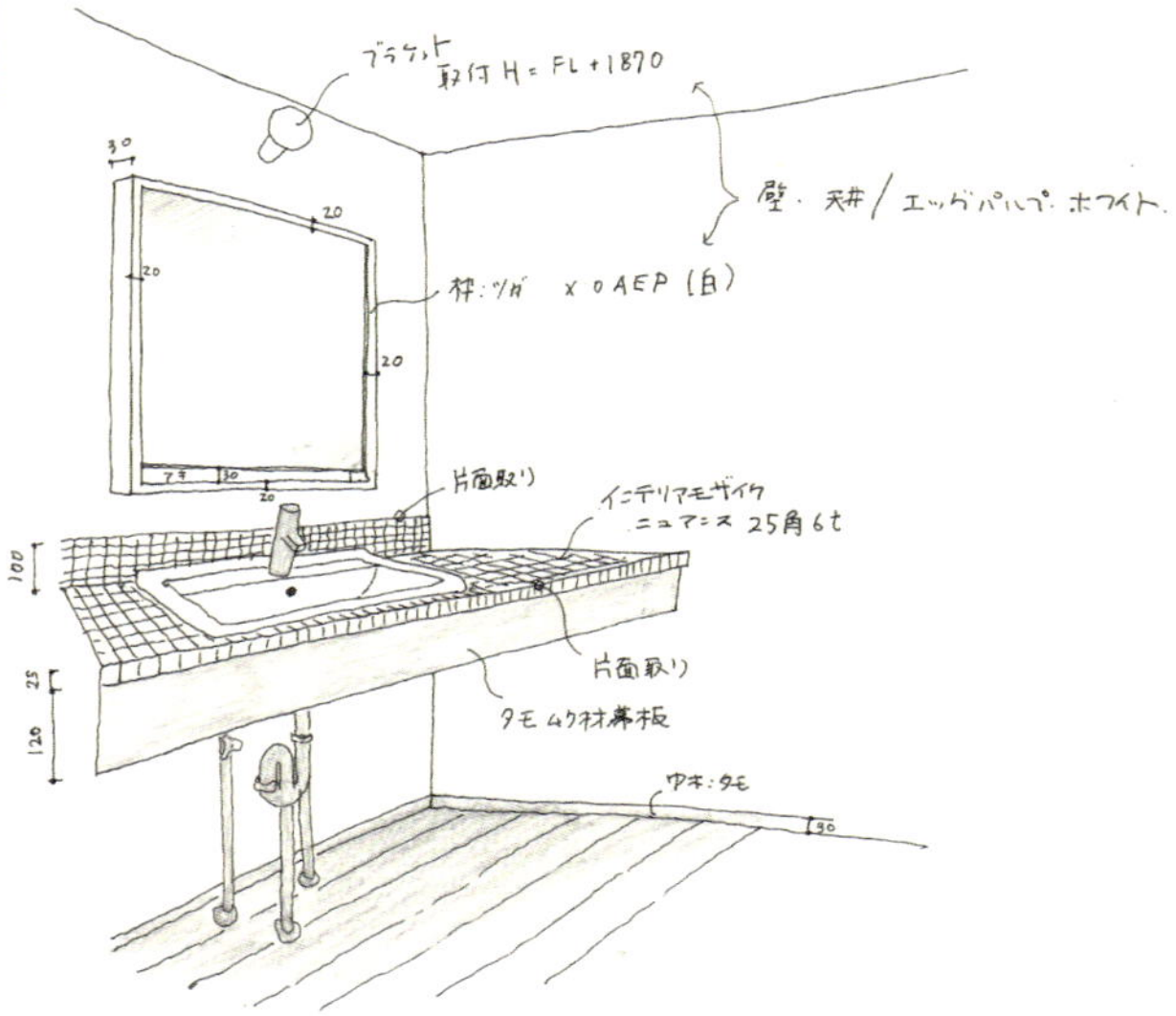

大工さんの技でオリジナリティ演出

上:キャビネットは木枠を付け足すだけでなく、取り付け方にも工夫が。壁に少し埋め込んであるのでオーダーメイドのように見える。

左:カップボードの扉はシナ突板を白塗装。カウンターはタモ積層材。扉の手掛けにナラ無垢材を使い、デザインのアクセントにした。

小さな家でも自宅で教室が開ける

人生100年時代といわれる今、小さな家でも将来を見据えた間取りにすることで、充実した第2の人生を送ることができます。そのひとつの方法が、「住み開き」。家の一部を教室やギャラリーなどに開放し、地域の人と交流をはかる暮らし方です。

この「辻堂の家」は、定年前のご夫婦がご主人の実家の土地を相続で2分割して建てた、建坪21坪、延べ床面積101㎡の住まいです。書道腕利きの奥さまには、かねてより「教室を開きたい」という想いがありました。さて、小さな家でそれをどう実現させるか？家族の〝ふだんの暮らし〟を犠牲にすることなく。

玄関を入って正面の扉を開けると、広さ22畳、最高天井高4mの大空間が現れます。手前半分を教室兼リビングに、奥の南側半分をダイニングとしました。あいだに腰壁をつくり、段差をつけたことで、教室の方からはダイニングが丸見えになりません。ダイニングは生徒さんとの歓談の場にもなり、空間全体を使ってホームコンサートなどのイベントを開くこともできます。

また、教室開催中でもご主人や息子さんが気兼ねなく生活が営めるよう、「裏動線」としての廊下を設け、水まわりや家族のためのダイニング・キッチンを西側にまとめました。

教室用の部屋を別個につくってしまうと、ほぼそのためにしか使うことができずもったいない。でもこの間取りなら、教室を開いても開かなくても、いつでも家族の生活空間に戻せます。高齢になって、もし2階寝室との行き来がしんどくなったら、教室用スペースにベッドを置いてもいい。そんな使い方もできる柔軟な間取りです。

床材を変えて
場所を切り替える

左上:手前の書道教室スペースの床は、墨がついても目立たないよう濃色のクルミ無垢フローリングに。左側の壁に、備品をしまう収納庫を造作。

左下:ダイニングは12畳。床はナラ無垢フローリング。テーブルと一緒に注文したベンチを腰壁沿いに配置。家族のスペースのくつろぎ感を高める。

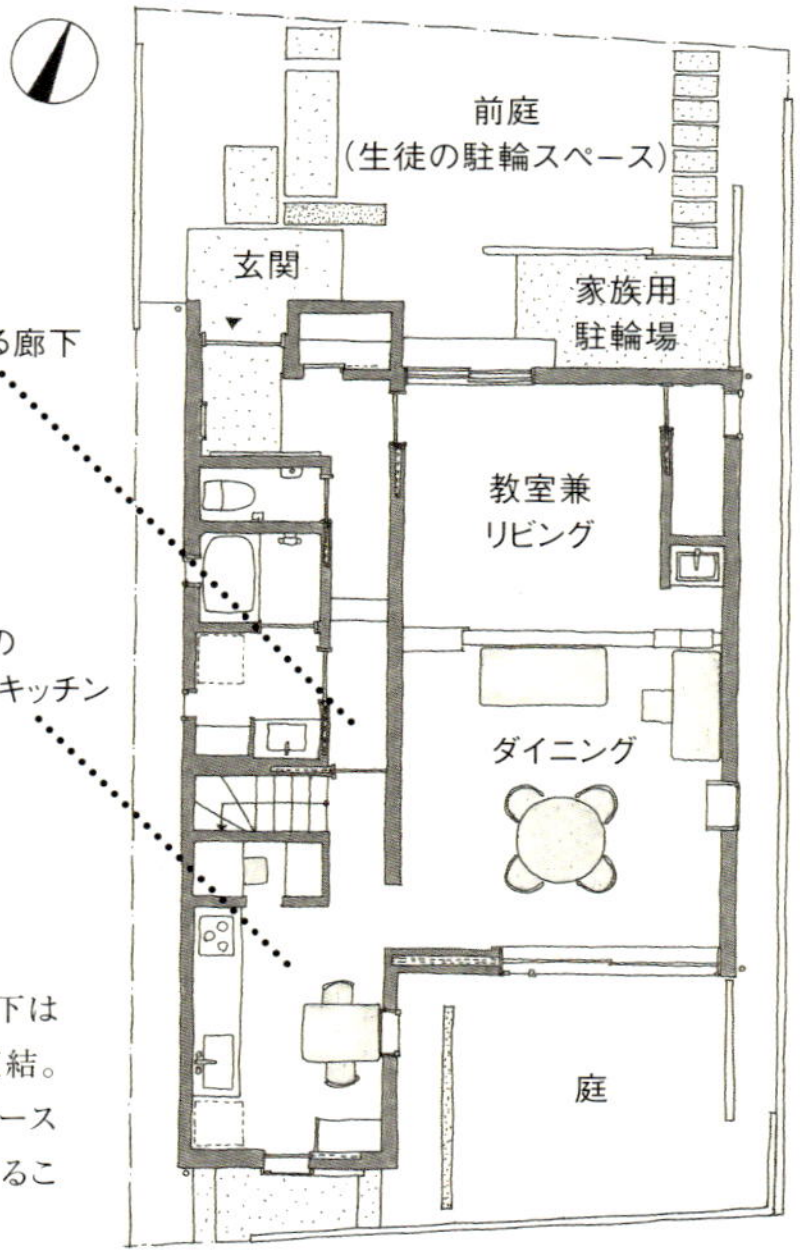

1階平面図。裏動線の廊下はトイレ、洗面所、階段にも直結。極論すれば、この縦長スペース（幅1間半）だけで生活することができる。

41 玄関は木製ドア＋庇《ひさし》

多くの住まいには、メーカーのアルミ製ドアが使われます。耐久性には優れていますが、無機質なアルミドアにはどうも食指が動きません。玄関は住まいの印象を決める大事な場所。つつましやかでぬくもりがあり、訪れる人を「どうぞ」とやさしく招き入れてくれるような玄関が理想です。それにはやはり、木製ドアを使いたい。

木製ドアには、建具屋さんがつくるものと、メーカー品とがありますが、小さな家の玄関には前者を使ってきました。

「でも、木だと腐らない？」という心配も。それを払拭する頼もしいガード役が「庇」です。木製ドアとセットで、必ず付けます。

その場合、私なりの設計ルールがあります。まず、ドアを外壁から45cm後退させます。かたや庇の長さは60cm。これで庇の先端からドアまでは１０５cmに。これくらい奥まっていれば、雨風が当たりにくく、木製ドアでも耐久性を維持することができます。

写真は「辻堂の家」の玄関ですが、ドアと庇の高さをそろえています。これもルールのひとつ。一般的な庇より低めですが、小さな家のプロポーションがよくなり、より雨が当たりにくくなります。

建具屋さんにつくってもらう木製ドアのデザインは、極めてシンプルに。素材に決まりはありませんが、「辻堂の家」のドアにはナラ材を使用。木の柾目が美しく、フラットなドアには適材です。ドアノブは、「堀商店」（東京・新橋）の、真鍮《しんちゅう》の丸いノブを定番にしています。職人手づくりの上質な木のドアを長い庇が守り、末永く美しい姿を維持してくれます。

シンプルでぬくもりある
“小さな家の顔”

道路と玄関を結ぶ石畳の脇に、自然の風合い豊かな大谷石を重ねる。塀をなくした家と道路をさりげなく仕切り、前ページで紹介した書道教室の生徒さんのベンチにもなる。

美しく耐久性のよいバルコニー

小さな家の2階には、ちょっと不思議な開口部があります。窓のようだけれど、部屋の様子がまったく見えない。奥行きがありそうで、中は真っ暗。実は、そこはバルコニー。正確にいうと、インナーバルコニー型につくった物干し場です

このようにつくる理由はまず、外観をスッキリと見せるため。コンパクトな建物からバルコニーが出っ張っていると、外観のプロポーションが悪くなり、美しいたたずまいにはなりません。洗濯物を干したときはなおさら。生活感がアリアリと感じられてしまうのは、美しさにマイナスです。

そして、インナー型は建物を長持ちさせる点でも効果的です。長いあいだ雨ざらしになるバルコニーは、もっとも劣化しやすい場所。木製だと10年でかなり痛みが目立ちます。加えて、家そのものの劣化を早める原因にも。外壁の痛みは、バルコニーなどの〝接続部〟から出始めます。これら一軒家につきものの問題を解決する策として、「バルコニーを引っ込める」となったのです。

日々の暮らしにおいても、インナーバルコニーは便利。雨でも洗濯物がほぼ濡れません。共働きの家庭などでは、干したまま出かけることも多いでしょうが、これなら安心です。「洗濯物が乾きにくいのでは?」という心配も無用。風通しのよい間取りにしているので、思いのほか早く乾きます。バルコニー内部は濃いグレーに塗装。こうすると外から見たとき、洗濯物があまり目立ちません。

外壁のメンテナンスにはお金がかかります。長きに渡る費用をできるだけ抑えるためにも、インナーバルコニーは優秀です。

家ごとに少し
デザインを変えて

右上: 隣家からバルコニーが見えないように、片側だけ奥行き60cmの袖壁を。雨樋を袖壁の内側に付け、目立たないようにもした。(小さな庭の家)

右下: インナーバルコニー上部を屋根の傾斜に沿わせて斜めに。内部の壁は、黒い板張り外壁とコントラストをつけ、木の素地色に。(アパートメント仏子・諸井工務店との共同設計)

左上: バルコニー開口部を薄い袖壁で囲み、木製の手すりをつけて外観のアクセントとした。(清瀬の小住宅)

左下: 角地に建つ五角形の家。人目につく西側外壁に位置するインナーバルコニーは、正方形に近いスッキリとフラットなデザインに。(南沢の小住宅)

左上写真「清瀬の小住宅」のインナーバルコニー平面図(左)と断面図(右)。広さは1畳弱。床面はFRP防水仕上げ。

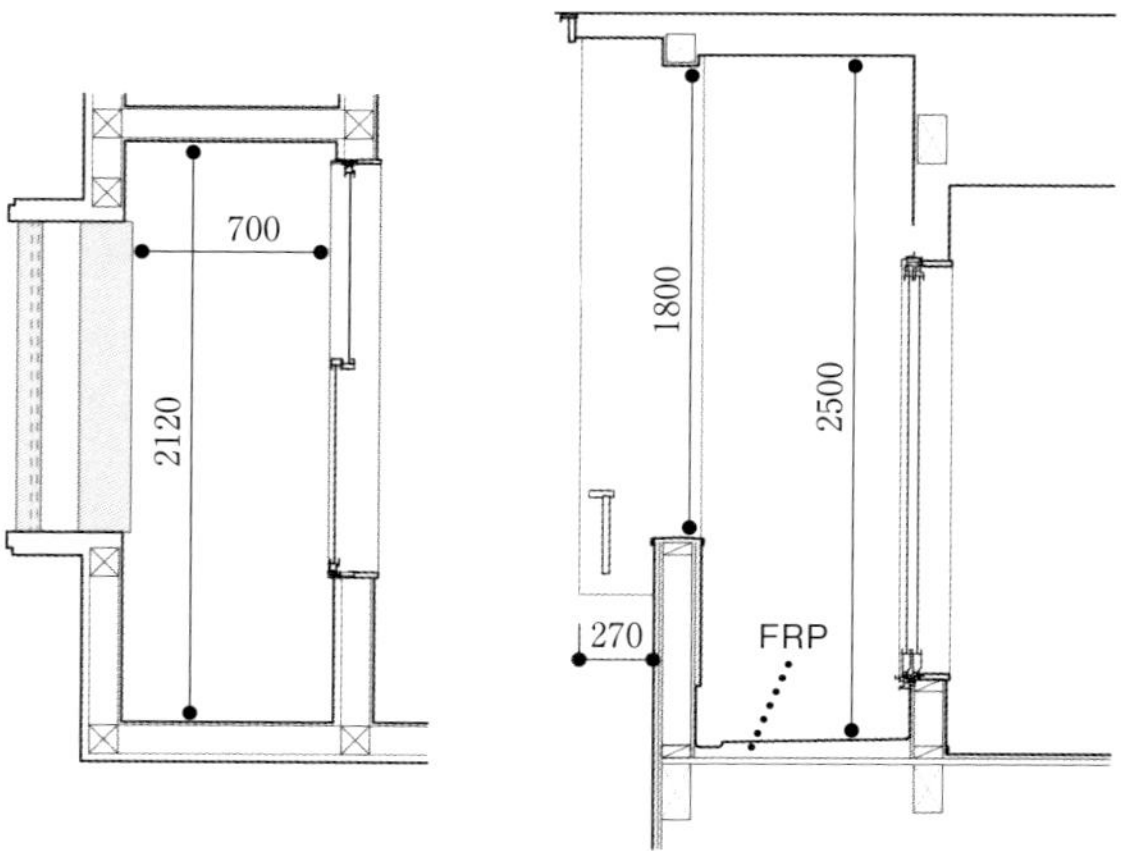

屋根の軒《のき》は大切

昔の木造住宅は必ず屋根の先端に軒が出ていて、建物を雨風から守る役目を担っていました。それほど大きくない家でも、軒の長さが60cmはありました。地方には築100年近く経つ民家が珍しくありませんが、家を長生きさせるために軒は不可欠です。

ところが80年代くらいから、軒のある家がどんどん姿を消していきます。コンクリート造の住宅が登場し、そのスマートさがトレンドに。建売り住宅やハウスメーカー住宅も右へならえと、コンクリ住宅風の、キュービックな木造住宅を売りにし始めたのです。その傾向は現在も変わりません。ですから、軒の重要性を知らず、デザイン優先で家を選んでしまう人が多いのではないでしょうか。

私が設計する住まいには必ず軒があります。敷地面積や建坪の規模にかかわらず、最低30cmは軒を出すようにしています。敷地が狭いと境界線からはみ出す可能性があるので、30cmが基本寸法。それだけあれば家の耐久性はかなり違ってきます。

同時期に建てた小さな家と、軒のない住宅の10年後を見比べると、美しさの差は歴然。軒なし住宅はかなり汚れ、傷んでいるのがわかります。せっかくコストを抑えて建てた家も、後あとメンテナンスが高くついたら意味がありません。

写真の2軒は、長さ約40cmの軒先を跳ね上げ型にデザイン。小さな家ならではのかわいらしさを、軒にも表現しました。

跳ね上げ型軒の断面図。軒先に雨樋を落とし込み、雨水をストレートに落下させる。排水パイプ(たて樋)を支持する金物は特注製作。

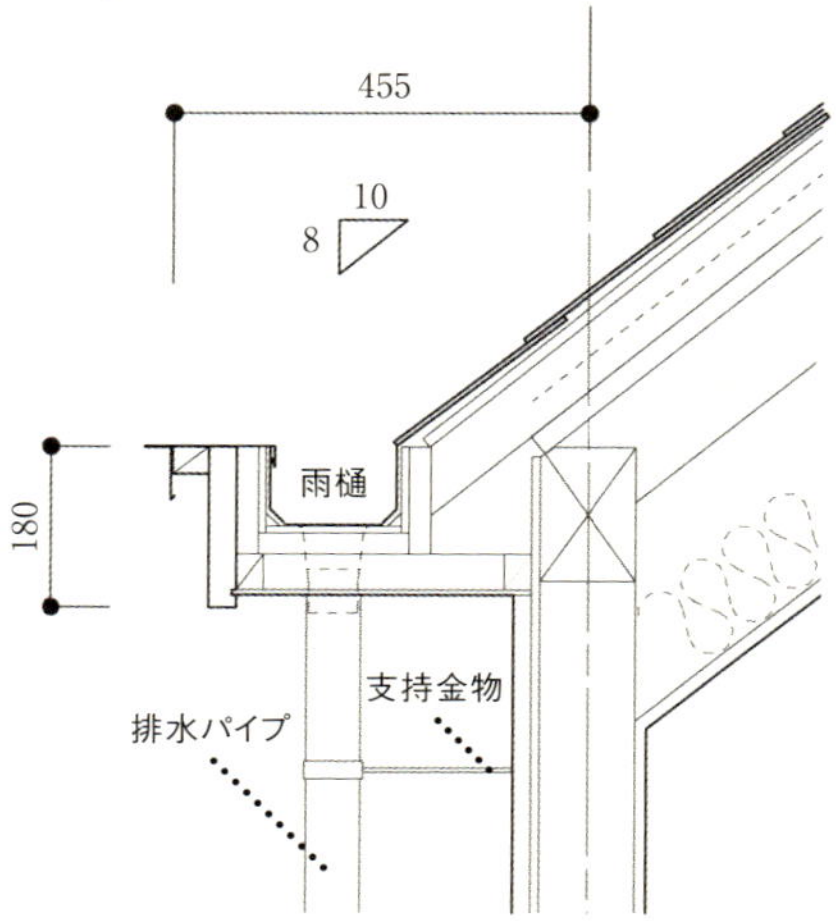

機能性とデザイン性を兼ねた、小さな家の軒

上:跳ね上げ型の軒は、長崎の古い教会などに見られるデザイン。切妻屋根の軒先を跳ね上げると、外観にモダンさが加わる。(鎌倉の分居)

左上:昔の家に比べると軒の出は短いが、これだけでも外壁の耐久性は格段に向上。丸い穴は通気口。これもちょっとかわいい意匠に。(霧が丘の家)

左下:軒を下から見上げる。縦長窓にも、保護とデザインを兼ねて小さな庇をつけた。

風雨にさらされる屋外に工業製品を

左：奥に見える家の外壁は焼杉。それに合わせてスロープ沿いの壁はスレート板を黒く塗装。笠木の板はいずれ腐食したら交換可能。

右：頑丈で耐久性がよくローコスト。工業製品の利点をもちあわせたブロック塀。白く塗装してレンガ張りのような表情にしたこともデザインのポイント。

44 工業製品と自然素材を組み合わせる

小さな家に使う建材は、経年変化が美しい自然素材にしたい。このことを今まで語ってきましたが、人工建材がダメというわけではありません。

印刷技術や加工技術が進化し、今の床材、壁紙などの工業製品は、見た目がよく品質も高い。メンテナンスがほとんど不要で、耐久性に優れた製品が多々あります。そしてなによりも、自然素材より安価。小さな家でも適材適所に使うことで、コストコントロールがはかれます。

とくに、外まわりに用いる建材は痛みが激しいので、頑丈な工業製品が適しています。ですが、それだけだと味気ない……。

写真右は「辻堂の家」の庭内につくった、エアコン室外機の目隠し壁です。ブロックを白く塗装し、てっぺんに15㎜厚の大谷石を固定させました。石の幅を少し広くすることで、雨水が伝い落ちる「水切り」の役目を果たし、ブロック壁の耐久性をより高める効果もあります。

写真左は「牛窓の家」のスロープ沿いの壁。スレート板の上部断面をふさぐ「笠木《かさぎ》」に、イペ材の無垢板を使用。外観の小さなアクセントとしました。工業製品と自然素材を組み合わせることで、〝長持ち〟と〝美観〟の両立をかなえています。

第4章

豊かな暮らしをつくるスパイス

もっと楽しく、もっと美しく、もっと心地よく。小さくても上質な住まいにするために、細部までさまざまな仕掛けを試みます。小さな家で心豊かに暮らすアイデア集。

45

心地よさの決め手は「光と影」

日本には春夏秋冬四季があり、光は季節ごとに強さや色が変わります。室内に居ても光という自然を感じられることは、豊かな住まいの絶対条件。たとえ建て込んだ狭小地であっても、建築によって自然光を採り入れ、さらに、居心地よく過ごせるように光にコントロールする。小さな家の設計は、この点にもっとも心血を注ぎます。

建売住宅や注文住宅には、「明るく開放的な家」を謳っている商品が多いものです。開口部を大きくとった家は、一見快適そうですが、夏は暑いし窓の掃除は大変だし、床材や家具もすぐ日に焼けてしまいます。

なによりも、ただ明るいだけの空間は、決して居心地よくありません。人は明るい場所にいると気分が高揚し、ほの暗い場所

だと心が静まります。外でのストレスや緊張感をほぐしてくれる、心地よい住まいにするためには、光（明るい場所）だけでなく、陰影（ほの暗い場所）が不可欠です。

「若原さんがつくる家は窓が少ないですね」とよくいわれます。そのようにつくる主眼は、陰影をつくり出すため。ひいては、光と影が生む美しさと心地よさをもつ住まいにしたいからです。実際、小さな家の中に入ってみると、決して暗くはありません。おそらく、すうっと落ち着くはずです。

古くから日本の建築は、「陰影の美しさ」大事にしてきました。それは「光の美しさ」を味わい楽しむためでもありました。陰影があってこそ光を感じる、そして心やすらげる。小さな家はそうありたいですね。

陰影ある空間が
多忙な住み手を癒す

週末ハウスとして使われる「鎌倉の分居」。延べ床面積79㎡のこの住まいに、窓はたった7つ。ダイニングにはメインの東窓（右側）のほか、やわらかな光が入る障子戸の北窓をとった。

暮らしのオヘソは丸テーブル

「このテーブルいいねえ」、「うちもこれにしたいね」。
設計に入る前、今まで手掛けた住宅を建主に見学してもらうと、だれもがひと目惚れするのが写真の丸テーブルです。今やベンチ（P．38）とともに小さな家の定番家具。家具工房「ハオアンドメイ」の傍島《そばじま》浩美さんにつくってもらっています。

丸テーブルは、角テーブルのように壁につけて配置することがないので、どこに置いてもどこに座ってもいい。みんなが等距離で仲よく食卓を囲めます。文字どおり〝角がない〟まあるいかたちは、家族団らんにうってつけです。

サイズ決めは慎重に。図面だけでは空間のボリューム感とテーブルとのバランスがはかりにくいので、大工工事が終わった段階で、必ず傍島さんに現場を見てもらいます。

そして建主も交えて希望を聞きつつ、適切な直径や素材、脚や天板エッジのかたちなど、「わが家のテーブル」のデザインを決めていきます。

写真の「椎名町の住まい」のテーブル直径は１２０cm。４人家族がゆったり囲むことができ、スツールなどを足せば７～８人でもＯＫ。角テーブルで８人座るとなると２m近いサイズが必要ですから、大勢でごはんを食べたりお茶したり、楽しいひとときが過ごせる省スペースな家具という点でも、小さな家に向いています。

丸テーブルはシグゾーパズルの最後の１ピースに等しく、家具が入ってはじめて、「豊かな住まい」が完成します。暮らしの中心地として末永く使い続け、ぜひ次世代に引き継いでください。

丸い食卓に、北欧の椅子と照明をプラス

テーブルは無垢タモ材。φ120cmと大きめでも、薄めの天板と先細りの脚が重量感を打ち消す。椅子は憧れのYチェア。ペンダントはルイスポールセン社のAJ Royal。

空間設計と並行して丸テーブルの位置を検討。右のスケッチは「辻堂の家」のダイニング（P.101）。ササッと描いてみて、空間完成イメージを確認。

物語をつくる漆喰壁

私がつくる小さな家の壁・天井は、ほとんど漆喰仕上げ。漆喰のよさは、光のニュアンスがやわらかく、クロス張りよりも雰囲気ある空間をつくれること。そして、調湿機能に優れていること。部屋の湿度が高いと水分を吸い取り、乾燥していると水分を放出し、年間通して快適。漆喰が「呼吸する壁」といわれるゆえんです。

「でも漆喰って高いでしょう?」。そう思っている人が多いようですが、長期的に見ればクロス張りよりおトクです。新築時の施工費を比べれば、確かにクロス張りより割高。しかし、小さな家だと思いのほか差がでません。工事費は現場や時期によって変わるので、一概に坪単価いくらといえませんが、写真下の「清瀬の小住宅」の場合、左官工事費は80万円。クロスにした場合35万円くらいでしょうか。しかも、クロスは経年劣化で定期的な張り替えが必要。対して漆喰はほぼ塗り替えが不要です。とすると、45万円の差で、生涯美しく質感豊かな住まいで暮らせるわけです。

左写真の「鎌倉の分居」の壁は、漆喰に赤瓦を砕いた石粉を混ぜ、コテ跡が残る粗めの仕上げに。光が当たるとほんのり桜色に見えて、とても美しい。ここは、多忙なご夫妻が週末を過ごすための家。ならば非日常感を帯びた空間にしようと、壁に色付けして表情を出しました。また、現在設計中の広島の住宅の漆喰壁には、新たな試みとして、現地の砂を混ぜる予定です。

小さな家の壁を何軒も手掛けてきた左官職人、「ぬり貫」の谷口祐輔さんはこういいます。「漆喰にはなんでも混ぜられる。ご家族の思い出となる材料を増ぜることで、壁に物語が生まれるんです」。

壁を色付け、陰影に深みを出す施工裏技

上: 釉薬で色付けた赤瓦の破片。これを粉末状に砕いて漆喰材料に混ぜ、左写真「鎌倉の分居」の壁を塗り上げた。

左: 階段部の壁。大きく開いたり閉じたり、振幅をつけた空間のかたちと、表情ある壁が相まって、週末ハウスにふさわしい"非日常感"を醸し出す。

「清瀬の小住宅」(P.60)の漆喰壁は黒瓦を混ぜたグレー色。子どもが手跡を付けたりしても汚れが目立たず、その点でも建主に喜ばれている。

カーテンより障子戸

小さな家を建てるとき、カーテンはあまりお勧めしていません。カーテンは大きな家の大きな窓にあるときれいですが、小さな家にカーテンだと空間に対してバランスが悪い。障子のほうが断然、空間がスッキリします。ですから、たいていの窓は障子戸にし、ほかは予算や部屋の用途、インテリアによって素材感のいいブラインドにと使い分けています。

障子はなんといっても、光の入り方が美しい。障子紙が光を拡散し、室内をやわらかな雰囲気にしてくれます。写真下（牛窓の家）のように庭木の葉が影をつくったり、思わぬシーンを映すのもきれい。レースのカーテン越しの光とは、ひと味違います。

また、窓脇の壁に戸袋をつくり、障子を引き込めるようにすれば、開けたとき視界を邪魔するものがありません。景色を窓がくっきりと切り取り、「ピクチャーウィンドウ」となります。カーテンだと窓端に布だまりができてしまい、そうはいきません。

また、障子戸は寒いと思われがちですが、見た目以上に断熱性があります。障子と外側のガラス戸との間にできる空気層が、冬場の冷気侵入を防いでくれます。

建具職人が一からつくるので、好みのデザインにできるのもいいところ。写真左（南沢の小住宅）のような縦桟のデザインは、和風に偏りすぎず、洋空間にもマッチします。価格の目安は、この幅1.4×高さ1.5mの障子が3万5000円。ちょっと上等なカーテンと比べても、そう高くないのではないでしょうか。いいことづくめの障子戸、ぜひ検討してみてください。

小さな家によく似合う縦桟デザインの障子戸

右：光の移ろいとともに、障子窓に“影絵”が映し出される。カーテンでは見ることができない美しいシーン。

左：幅1.4×高さ1.5mの窓に障子の1枚戸。縦桟がやわらかな光のストライプをつくる。外側に網戸、ガラス戸があり、3枚とも右壁につくられた戸袋に収納できる。

心やすらぐ明かりの工夫

今まで何軒もの小さな家の写真をご覧になってきて、なにか気がついたことはありませんか？　ヒントは天井。そう、ほとんどの家の天井には、シーリングやダウンライトがありません。

Ｐ．１１０で、心地よい空間には光と影が必要と述べましたが、夜間の照明計画も同じ。明暗のメリハリが大切です。

天井にシーリングライトなどを取り付けると、部屋の明るさが均一になり、やすらげる空間にはなりません。窓の数を絞って日中の光をコントロールするように、照明の数を少なくして〝明るい場所〟と〝ほの暗い場所〟をつくり出す。すると、落ち着いた雰囲気やリラックス感が得られます。同時に、空間の広がりを感じることができます。

ＬＤＫのメインの明かりは、ダイニングのペンダントライトです。おすすめは、北欧照明の名作といわれるルイスポールセン社のペンダント。やわらかな明かりが卓上を照らし、上部にも光が届くように設計されている。漆喰のシンプルな天井面に明暗のシルエットができるのが、とても美しいのです。

ダイニング以外で明かりが欲しい場所には、壁付けのブラケットやスポットライトを。左写真の「牛窓の家」のリビング・ダイニングには、ペンダントを含め照明器具は4灯。初期工事でつける照明の数は、必要最小限にしています。

読書などに必要な明かりは、フロアスタンドなどを適宜足していただく。フロアスタンドであれば、自由に位置を変えられます。そのためのコンセントは、各所に備えておきます。

外から見た
明かりの表情も美しい

右：2階窓、障子窓越しの明かりは、まるで行灯（あんどん）のようにほんのりやさしい。（霧が丘の家）

左：ペンダントはポール・ヘニングセンのデザイン「PH5」。テーブルトップから60cm上にくるように吊るす。天井照明がないことでいっそう、1灯の明かりにやすらぎを感じる。

少ない明かりで“ほの暗さ”を楽しむ

30㎡（約18畳）のワンルームに天井灯はなく、建築で付けた照明はたった４灯。でも暗すぎて不便ということはない。設計中にソファの場所を想定し、その壁にブラケットを施工。（鎌倉の分居）

ホッとできる居場所をつくる

「ホッとひと息」という言葉が似つかわしい、一日の中でわずかな時間を過ごす場所。これを仕掛けることを、設計中よく考えます。

日当たりがよく、風を感じられる窓辺は最適。けれども、「ハイ、ここに座ってください」とばかり、造り付けベンチを図面に描き入れたりはしません。一見、その存在に気がつかないような工夫を、窓辺に〝そっと忍ばせる〟のが私の流儀です。

写真の「辻堂の家」では、ダイニングに3×1.5mの大きな窓を設けました。掃き出し窓にはせず、床から18cm高くもち上げ、敷居部分は奥行き30cmと深めにつくる。すると〝ちょっと腰かけられる場所〟となり、私はこれを「窓台」と呼んでいます。

ここには無垢のタモ材を使用。敷居は大工さんが溝を掘る昔ながらのかたちです。寒い時期に腰かけてもヒヤッとせず、ほぼフラットなのでお尻の落ち着きもなかなかいい。

さらに、居心地をよくするためには、眺めも大事。敷地の余白を生かして小さな庭をつくり、風合いのよい杉板塀で囲みました。塀の高さは、〝閉じすぎると圧迫感がある〟、〝低すぎると隣家から見えてしまう〟ことを考慮した結果、150cmに設定。塀の上部に視線の抜けがあることで、ほどよい開放感も得られます。

設計中も引き渡しのときも、「この窓台、ベンチみたいに座れるんですよ」なんてヤボな説明はしません。小さな窓台に無意識に誘われ、腰かけてみると「あら、気持ちがいい」。そんな発見を必ずや住み手がしてくれるからです。後のち訪ねたとき、「ここ、好きなんですよ」なんていってもらえると、仕掛けは大成功です。

囲まれた敷地で
四季を感じる場所

大窓の建具は、FIXの既製サッシ、右端に換気用の縦長外開きサッシ、内側に引き違いの障子戸。庭の木々は、かつてこの土地に建っていた実家の庭から移植。

51

省スペースな本棚

本の収納に困っている人は、案外多いのではないでしょうか。左写真「汐見坂の家」の建主がまさにそうでした。蔵書がなんと1500冊。設計の打合せで当時のお住まいにうかがったとき、市販の本棚では入りきらず、本をしまった段ボール箱が部屋の床を占領していました。小さな新居へは当然、「本を全部並べておける本棚が欲しい」という要望がありました。

とはいえ、小さな住まいですから、くつろぐスペースを広くとるために、収納場所が占める面積はできるだけ小さくしたい。2畳より1畳、1畳より半畳。1500冊の本が収納できるプランが2つあれば、床の設置面積はどちらが小さいか？ を考えます。

そのセオリーでつくったのが、天井までのボックス型本棚。幅4.3m×高さ3.3m×奥行き30㎝。〝本棚の壁〟のイメージです。床の設置面積は1.3㎡＝0.8畳。以前の住まいでは、段ボールの山がゆうに2畳分は占めていましたから、約1畳の節約に成功しました。

「たった1畳しか違わないじゃない？」と思うなかれ。小さな家の1畳は貴重です。それだけあれば、パントリー（P.96）やシューズクローク（P.94）をつくることだってできます。

右下の写真は「あがり屋敷の家」。階段と上階LDKを仕切る腰壁に厚みをもたせ、階段側は本棚、裏側はソファの置き場所としました。建主は、階段に腰かけて本を読むのがお気に入り。上には雑貨を飾り、インテリアとしても楽しい本棚です。

本が身近にある暮らしは幸せ。小さな家の建主が本好きであれば、その量とライフスタイルにふさわしい本棚をつくるよう努めます。

本棚が間仕切り壁の役目も兼ねる

右：本棚をつくり込んだ腰壁。リビング側にはエアコンが収納されている（P.34写真）。

左：奥には2畳の洗濯室があり、本棚で仕切られている。ボックス10個分を使ってそこへの引き戸を造作。また、上部4個分をガラス張りにし、洗濯室のトップライトからの光がLDに漏れるようにした。

52

安価な素材を美しく使う

壁は天井とともに漆喰塗りが基本。でも、空間にアクセントが欲しいとき、木、石、タイルなどで、壁の一面だけ大胆に素材を変えることがあります。

写真の「霧が丘の家」の2階は、ＬＤＫと寝室（畳ベッド）をまとめたワンルーム30畳の大空間。薪ストーブを置いた北側壁の仕上げを変えたいと思い、素材を検討。質感がよくリーズナブルな適材を見つけました。壁下地の間柱《まばしら》に使うスギの角材です。

１本の長さは３ｍ、断面は１０５×30㎜、値段は８００円。材料を効率よく使うために、断面を10・20・30㎜の３サイズに分けて、角材を縦にカット。それらを壁一面にランダムに張りました。

この〝ランダム〟がポイント。規則正しい凸凹ではなく、大工さんのセンスに任せて不規則に張ってもらいました。それが功を奏し、リズミカルで目新しい表情の木壁が誕生。トップライトから光を受けて、壁に陰影の縦ストライプが生まれ、美しい表情を見せてくれます。また、角材をカンナで削らず張ったので、木そのものの素朴なテクスチャーが、これまたいい。建主も気に入ってくれました。

このような「アクセントウォール」を取り入れた住まいはほかにも。Ｐ．１００で紹介している「辻堂の家」のリビング兼教室スペースに見られる、こげ茶色の壁です。この部分だけリーズナブルなラワン材を張って塗装。上部に書道作品をマグネットで留められるように金属バーを取り付け、半紙が映える濃色の板壁としました。

安価な素材でもアイデア次第。小さな家の美しさ・心地よさを高めるスパイスとして、期待以上の成果をあげてくれます。

壁の素材を変えて
奥行きある空間に

右：トップライトからの光の効果を計算して素材を選び、張り方を工夫。光が当たると凸凹が強調され、漆喰壁とはまったく違う表情が楽しめる。
左：北壁だけざっくりとした木張りにすることで、漆喰壁で統一するよりラフな雰囲気が増した。一面だけ素材違いにするテクニックは、空間に奥行きを生む効果もある。

体も心も温まる、ストーブのある暮らし

「薪ストーブは憧れのアイテム。でも、けっこう大きいし、設置するのに条件がありそうだし、小さな家でも入れられるの？」。

そんな疑問をもつ方に格好のモデルケースが、この「南沢の小住宅」。リビング・ダイニング（ＬＤ）は11畳とそう広くありませんが、威張らず浮かず、薪ストーブがしっくり鎮座しています。

料理好きの建主は、クッキングストーブがある暮らしが憧れでした。薪ストーブの導入は煙のクレームがネック。住宅密集地ではなかなか難しいのですが、郊外であれば、ご近所の了解さえとれれば届け出なく設置が可能です。とはいえ、小さな家の場合、存在感があるストーブをいかに納まりよく据えるかが、思案のしどころ。

この家は敷地33坪、建坪16坪。光を採り込むためと、外に小さな庭をとるために、西南の角を斜めに切りました。ＬＤはパースのついた台形となり、その突き当たりにストーブを設置。扇の要のような位置が、家族団らんのシンボルを思わせます。加えて、吹き抜けの天井まで煙突が突き抜け、空間ののびやかさを強調します。

「ダイニングテーブルから炎が見える位置」、「クッキングストーブなのでキッチン近くに」という設置条件も併せてクリア。意外に忘れがちなのが、薪の置き場所と搬入動線。これはストーブからもキッチンからも近い位置に勝手口をとり、すぐ外に薪置き場をつくりました。

このＬＤにテレビはありません。代わりに薪ストーブが家族をひとつの場に集め、楽しく心豊かなひとときをもたらします。

小さな住まい全体を
薪ストーブが温める

右： 2階には寝室用の和室(P.40)と子ども部屋があり、吹き抜けを介して1階とつながっている。ストーブを炊くと暖気が上昇し、2階は就寝時まで暖房いらず。

上：オーストラリア・ネクター社のクッキングストーブは34万円。下段がオーブンになっていて炉床が高いので、テーブルで食事をしながら炎が眺められる。

左：パンを焼くと短時間でパリッとおいしく仕上がる。トップの丸いふたをはずせば、直火での料理も楽しめる。

絵のような小窓

いい焼き物の皿に、旬の食材をちょこんと盛る。〝目でも味わう〟日本料理は、そんなテクニックで美しく見せます。小さな家の小窓にも、それに似た狙いが。大きな漆喰壁に、外の景色を切り取るように小窓をとる。すると、1枚の絵のような美しさが加わります。

窓は大きいほどいい。そう刷り込まれている人が多いように思えます。一般の住宅では、トイレや洗面所くらいにしか小窓が見られません。でも、小窓の実力をあなどるなかれ。小さな家ではLDKにも、「採光」、「通風」、「インテリア」、3つの役目を兼ねた小窓を効果的にとるようにしています。その位置を決めるときのコツは、〝絵を飾る〟つもりで考える。そうすると、美しい配置が見つかります。

左ページ写真上は「辻堂の家」のダイニング。食卓脇、庭に面する東壁に60×50㎝の窓をとりました。庭木の緑が映る額縁のような表情がきれいでしょう? テーブル天板から窓枠までは10㎝。この高さが、「ピクチャーウィンドウ」をバランスよく見せています。

左ページ右下（牛窓の家）の小窓は、天井高4.4mの大きな壁にとりました。十字桟の小さな障子戸を入れ、壁引き込み式に。開けると、庭の緑を映した小窓が現れます。

左下（あがり屋敷の家）はキッチンの小窓。換気に加え、調理中に外の緑を覗くことができます。タイル目地と窓枠をそろえ、スッキリとした印象に仕上げました。

これらすべての小窓には、レバーを押し上げて開く「横滑り出し窓」を採用。1枚ガラスが視界をさえぎらず、「絵のような小窓」に仕立てるポイントです。

光も景色も美しい
“自然の額縁”効果

右：吊り戸棚をなくしたキッチンの壁に、57×30㎝の窓をとる。南西向きで夕方近くになると西日が入るので、ブラインドを取り付けてコントロール。（霧が丘の家）

左上：夕食はバラバラでも、朝はこの窓辺で家族3人そろって朝食をとる。東向きの窓なので、その時間は気持ちのいい自然光が入ってくる。

左下右：小窓と壁引き込み式障子との組み合わせ。小さくても換気効果はじゅうぶん。

左下左：小窓の定番、「横滑り出し窓」は、表裏のガラス掃除がしやすく、急な雨でも吹き込んでこない。

55　やさしい光をつくるルーバー窓

この本には、光（明）、影（暗）、窓の話が折に触れて出てきます。豊かな住まいには、それくらい大切だということ。ここでも、小さな家に有効な、光をコントールする仕掛けを紹介しましょう。

「ルーバー窓」をご存じですか？　というよりが先に、この写真（牛窓の家）で一目瞭然ですね。一定の間隔で、羽板《はいた》を取り付けた窓をそう呼びます。主に日差しのコントロールや、外からの視線を遮断するために使われます。

この窓は、リビング東壁のいちばん高いところ、いわゆるハイサイドライトと呼ばれる高窓です。そこには、メーカー特注品のＦＩＸアルミサッシを取り付けました。室内側にルーバーを取り付けたことで、光が羽板１枚１枚に反射して室内に注がれます。すると壁や床に映る光のコントラストが弱まり、部屋がやわらかな印象に。ルーバーが、強い直射光からやさしい光への変換装置のような役目を果たします。

羽板にはタモ集成材を使用。室内から見たとき外側のアルミサッシが隠れ、木枠の窓のような印象になります。施工は大工工事で。多少手間はかかりますが、それほど高価な仕様ではありません。

設計で忘れてはならないのが、外側のガラス窓の開閉や掃除のしやすさ。この高窓はＦＩＸ型なので開閉はしませんが、ガラス掃除をするときのために、両端の羽板を取りはずせるようにしました。開閉が必要な場合は、羽板のピッチを、手が入る寸法に。また、ルーバーとペアで取り付ける外側の窓は、引き違いのサッシより、レバーを押し上げて開く横滑り出し窓のほうが、操作が簡単です。

ルーバー角度で内外からの見え方を調節

この高窓は覗かれる心配がないので、羽板を窓に対して直角に取り付けているが、視線をさえぎりたいときは斜めに。角度をつけるほど見えにくくなり、でも光や風は採り込める。

畳ベッドのすすめ

限られた面積を広く暮らす。そのもっともシンプルなスタイルが〝ワンルーム暮らし〟でしょう。食べるのもくつろぐのも寝るのも同じ空間で、という思い切った選択をした建主がいます。

写真の「霧が丘の家」は、50代のご夫婦2人暮らし。「仕事リタイア後、自宅でギャラリーを開きたい」との希望から、1階をギャラリースペースにあて、生活の場を2階に集約。開放的なワンルーム（30畳）を設け、北角を寝場所に想定しました。

ここにふつうのベッドを置いてしまうと、生活感がありすぎてどうもよくない。気軽に人を呼べないし、住み手も日中くつろげません。そんな点を考えて、畳ベッドを提案しました。

ふとんをしまえば、日中、別の使い方ができます。たとえば、（少々重たいけれど）部屋の中央に移動させれば、1台なら畳ベンチ、2台寄せれば2畳強の小上がり風情になる。建主はおもてなし好き。人を大勢呼んだときの宴《うたげ》に、畳ベッドが活躍してくれます。

デザインは、重心を低くしたほうが安定感が出るので、高さ25cmに。通気性に配慮して根太《ねだ》と大引《おおび》きをスノコ状に渡し、畳は昔ながらの本畳床に。手前の幕板、側板、脚は、木目がきれいな無垢タモ材。すべて〝本物の素材〟で仕上げました。

また、ふとんをしまう場所として、ベッドのすぐ脇（写真左端）に、モダンなデザインの押入れを造作しました。

当初、目隠しのつい立ても一緒に提案しましたが、まずはなしで暮らしてみよう、ということに。竣工3年目を迎えてもなお、つい立ての注文はなく、畳ベッドの暮らしがなじんでいるようです。

新築工事と併せ家具コストを抑える

畳ベッドは大工さんが製作。新築工事の一貫としてつくってもらうことで、手間賃は「木工事費」として計上され、あとから単独でつくるよりかなりおトク。

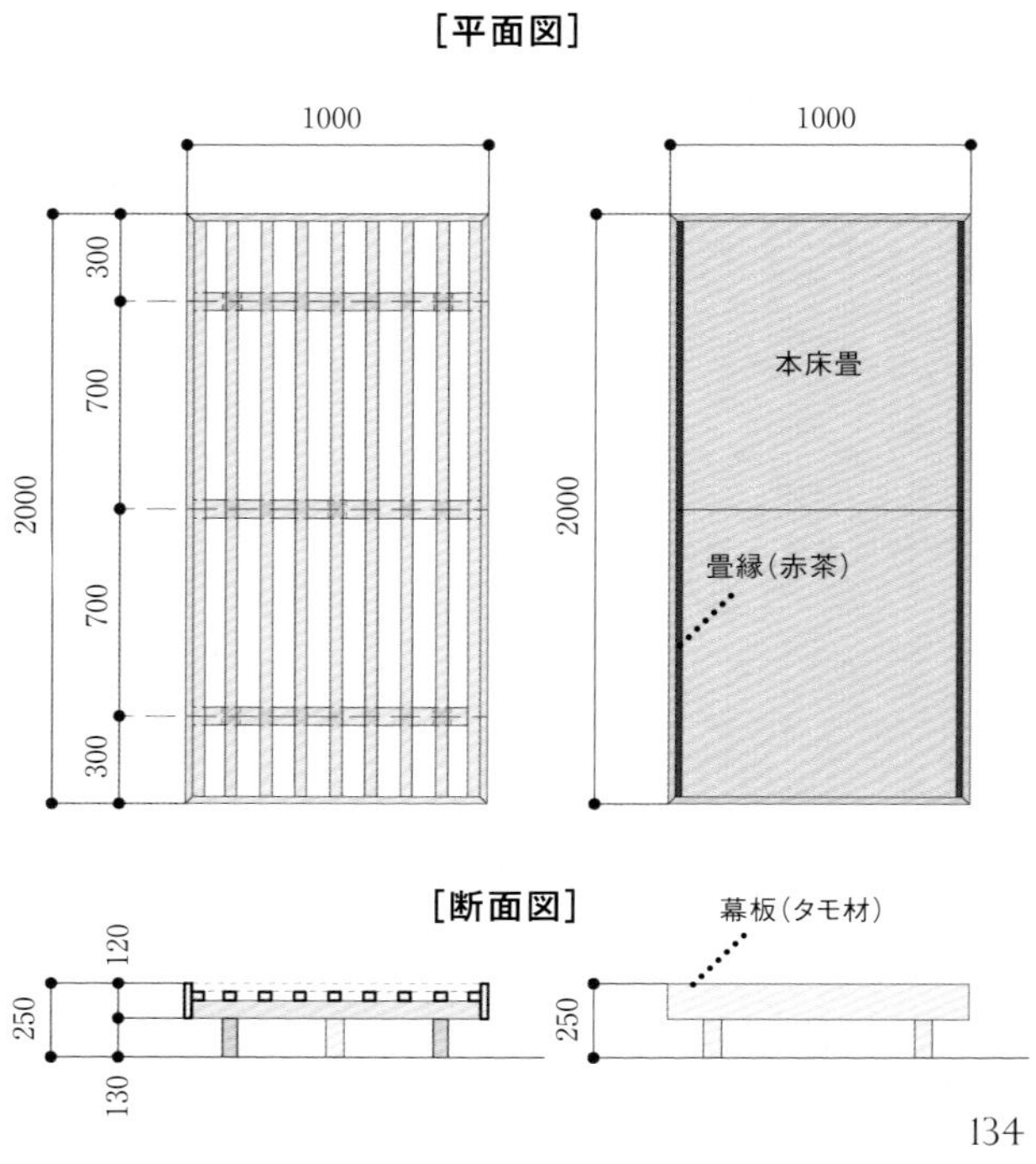

右は畳ベッドの家具図。タモ材の無垢板をぐるりとまわした枠の中に、畳をはめ込んだ。脚は円柱型、畳縁は赤茶色など、細部までこだわった。

57

ささやかな祈りの場所

住宅設計でたびたび出くわすのが〝お仏壇問題〟です。「先代が使っていたものをそのまま引き継ぐか?」、「処分して新調するか?」、はたまた「新居のどこに置くか?」。みなさん悩まれるようです。

写真の「辻堂の家」を設計中、私の親が運営する「ギャラリーあがり屋敷」で開かれていた工芸厨子《ずし》展に、建主をお連れしました。奥様は、朱塗りのお厨子をひと目で気に入り購入。この中に、生前お母様が好きだった松ぼっくりをかたどった木彫作品を納めようという話になり、作家に依頼。お厨子の飾り場所を、新居に設けることになりました。

ふだんの生活の場にあっても違和感がなく、空間に溶け込んだ「祈りの場所」をどうつくるか? それと並行して、お母様の遺作である大きな絵画を飾る場所と、やはりご両親から引き継いだピアノを置く場所も、設計課題でした。

東側は隣家が迫っているため、大きな開口がとれません。それを逆手に大きな壁面をつくり、目線の高さにお厨子の飾り台を造作。絵画はその上の壁に、ピアノは左にと一カ所にまとめ、〝思い出コーナー〟風にしつらえました。

飾り台の背面には、すりガラスのFIXアルミサッシを装置。この窓から、室内にやわらかな光が注がれます。さらに、立体額縁のように枠を張り出させ、上に細いルーバーを。実際の寸法以上の奥行きが感じられ、お厨子が守られているような印象になります。ごく簡単なつくりの「小さな祈りの場」ですが、光の効果とあいまって、崇高なイメージに仕上がったように思います。

故人を偲ぶ時間を
日常生活の中に

右: ピアノはご両親が60年代にイギリスで購入したもの。油絵はお母様が絵画展に出品した記念の1枚。お厨子と併せてダイニングに集合させたことで、人を呼んだときなども故人の思い出話に花が咲く。

左: お厨子は仏壇メーカー「アルテマイスター」のオリジナル。中の松ぼっくり型作品は木彫家クロヌマタカトシさん作。

暮らしの真ん中に緑を

住人を癒す住まいにしたい。設計のとき、常にそう考えます。〝癒し〟の有効なアイテムといえば、植物の緑。シンプルな空間の真ん中に、ドーンと大きな木を置いたら似合うだろうなあ。ずっと思い浮かべていた理想を具現化する仕事に、最近恵まれました。

写真の「日野の家」は、四方を建物に囲まれた旗敷地。当然日当たりが悪い。いや、そのような難条件を解決してきた家はいくつもありますが、この家の場合はさらなる課題が。「部屋に大きな木を置きたい」。そう希望する建主のために、「木の置き場所を想定した間取りにする」、「木が元気に育つよう光をたっぷり注ぐ」。この2つが重要課題となりました。

日当たりが悪い場合、トップライトから光を招く方法がありますが、それでは木の育成に不じゅうぶん。解決策として、「どこでも光窓」（鋼鈑商事）というダクト付き天窓を採用しました。ダクト内部は鏡面仕上げの鋼板。その反射効果で、天窓からの光を効率よく室内に運ぶシステムです。この天窓を木の真上にあたる2階屋根に施工。大型の長いダクトを通じて、木を置く1階ダイニングまで光をたっぷり届ける作戦に。ダクト下にあたる1階天井部に木製ルーバーを取り付け、光がきれいに拡散する効果も狙いました。

間取りは木のまわりにじゅうぶんなゆとりをもたせ、プランターを置く床は黒のモザイクタイル張りに。樹種は建主と一緒に選び、ハイノキに決めました。完成した家に搬入されたときは、私も建主も感無量。これから緑の葉が豊かに繁り、小さな家のシンボルとして、心地よい暮らしを実らせることでしょう。

ダイニングと和室を
木でゆるやかに仕切る

右：窓がとりにくい部屋に太陽光を効率よく届ける「どこでも光窓」。小さな住まいでも、緑がある暮らしを実現。

左：建坪15坪、延べ床面積106㎡の住まい。手前にダイニングがあり、リビング代わりに4畳半の和室をつくる。プランターボックスと床のモザイクタイルの色を黒で統一。今後プランターを増やしていく予定。

やわらかな印象を与えるディテール

小さな家は〝デザインしすぎない〟ことがモットー。必要以上に凝ったつくりにすると、そのまま建築費アップとして跳ね返ってきます。ですが、ディテール（細部）をちょっぴり工夫する。それくらいの手の加え方なら、工費に響きません。

小さな家はどうしても〝目が近く〟なります。細部までていねいにつくることが、日々の心地よさにつながります。

写真上は窓の敷居。P．122で紹介した「窓台」と同じように、ちょっと腰かけられる場所にもなります。手前の角をほんの少し削りました。これは「面取り」と呼ばれ、大工さんがカンナでササッと削るだけ。料理でも大根などの切り口の角を薄く切り取ることを、面取りと呼びますよね。建築では、出隅《ですみ》の部分を保護したり、意匠のために削ります。こうすると、窓台に腰かけて手をついたとき、当たりがやわらかくなります。ちょっと見には気がつかないディテールですが、こうした小さな工夫が気持ちのいい住まいの隠し味になります。

写真右下は、「抱き納まり」と呼ばれる窓まわりのつくり方。角を漆喰壁で「抱く」ことで窓枠が目立たず、上品な印象になります。和室でよく使われる手法ですが、小さな家では和室・洋室を問わず、窓まわりはほとんどこのようにしています。

写真左下は障子の手掛け。戸袋から引き出すとき、これを引っ張ります。建具に小さな掘り込みを入れ、東急ハンズで買った革をビス留めしました。わずか数百円でできる、愛嬌あるディテールのアイデアです。

住まいの質を上げる小さな工夫

上：窓の敷居を「面取り」。今の住宅でほとんど見られない技法。完成見学会を開いたとき、同業者の関心がこの細部に集まった。（霧が丘の家）

右下：ふつうは壁と窓枠の縁は同一面。だが、「抱き納まり」にして窓枠と建具を少し後退させると、窓まわりに陰影が生まれ、表情豊かになる。（霧が丘の家）

左下：既製品の手掛け金物もあるが、それよりずっと安価でかわいらしい。傷んできたら簡単に交換できる。（南沢の小住宅）

暖気冷気の放出をさまたげない隠し方

左:隠し役の幕板はシナランバーとよばれる合板で、これを白く塗装。反りにくく、比較的軽めの材なので、エアコン掃除のときの取り外しがラク。

右上下:こちらの幕板は、シナランバーに壁材と同じスギの薄板を張り重ねて塗装。はめると壁と同化して、エアコンの存在がほとんど気にならない。

60

エアコンをじょうずに隠す

天井近くに取り付けてあるエアコン。けっこう大きな機器なのに、それが常に見えることに私たちは慣れすぎているのかもしれません。

でも、エアコンが見えなければ、かなり空間がスッキリします。自然素材で仕上げた部屋なら、なおさらそうしたい。というわけで、エアコンを隠す工夫をします。

もっとも多く使うディテールが写真左（辻堂の家）。エアコン前面に、幕板を1枚取り付けるだけの簡単な方法です。機器の下部は、冷気暖気をさえぎらないために、じゅうぶんな隙間《すきま》をもたせます。上部にも（機種にもよりますが）、空気を取り込むための隙間《すきま》を。

また、幕板の両端にラッチ（留め金）を取り付け、簡単に取り外せるようにしてあるので、エアコンの掃除が随時できます。

右の「牛窓の家」では、板張りの壁に同化するような隠し方を講じました。これならエアコンの存在は気になりません。また、買い換えに対応できるよう、壁の凹みにゆとりをもたせました。

エアコンには寿命があり、家電はどんどん進化します。将来の交換まで考えたうえで、空間に適した隠し方をしたいものです。

第5章

小さな家のプラン集

建坪は7坪から17坪。延べ床面積は75㎡から112㎡。世代も家族構成もさまざまな、8軒の小さな家。住み手のこだわりを反映させた唯一無二のプランをご覧ください。

共働き50代夫婦のための、都心に建つ建築面積10坪の小住宅。半地下部分はコンクリート造、1・2階は木造。階段の踊り場を利用した小さな書斎など、趣味と仕事のためのスペースがいくつもある住まいにしました。ドライエリアから直接入れる地下室は、建主の要望で将来ギャラリーとしても使えるようにしてあります。

あがり屋敷の家

人生後半。夫婦2人の趣味と仕事の家

和室兼夫の寝室。引き戸で完全に閉めることができる。妻の趣味スペースや、孫の遊び場にもなる。

1F

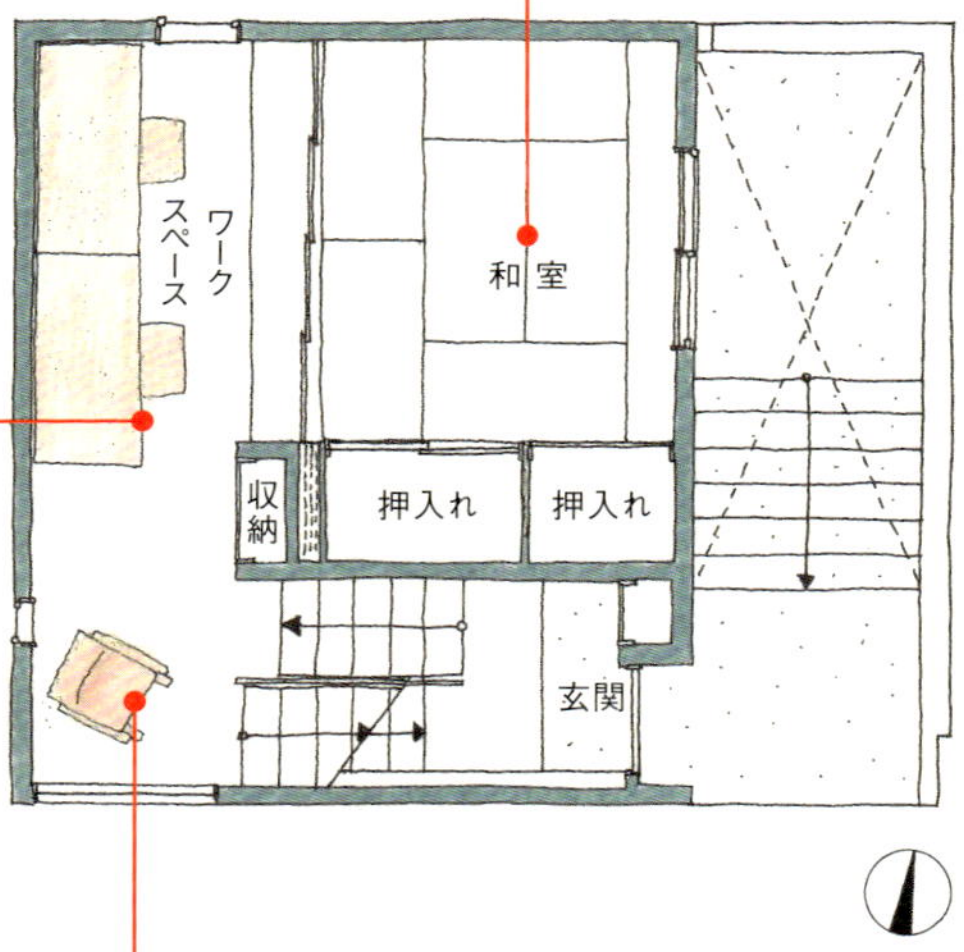

現役で働く夫婦ふたりの仕事場。隣の和室は、一段上がっているので、端の板場に腰掛けることもできる。

玄関から階段上がってすぐの踊り場には、リラックスチェアを置いて読書コーナーに。南側にとった窓からは、街路樹の緑が望める。

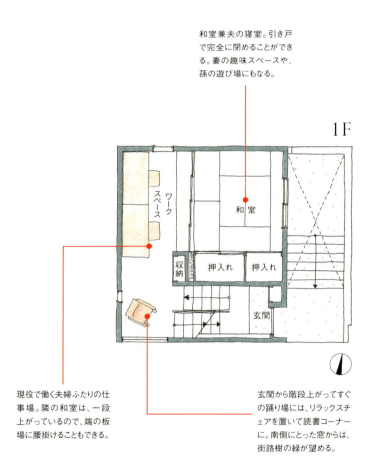

2F

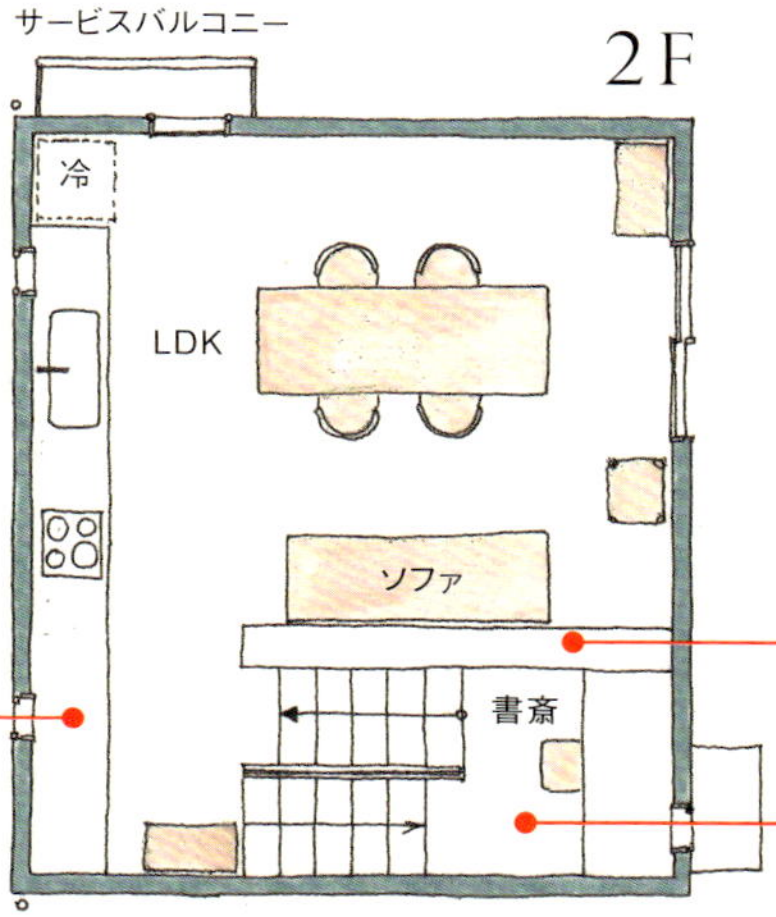

幅5.5mのキッチン。収納スペースたっぷり。冷蔵庫からシンク、コンロと動線が一直線で作業しやすい。

ソファ後ろの腰壁は、階段側に本棚をつくり込み、リビング側にエアコンを収納。

階段の踊り場を妻の書斎に。

B1F

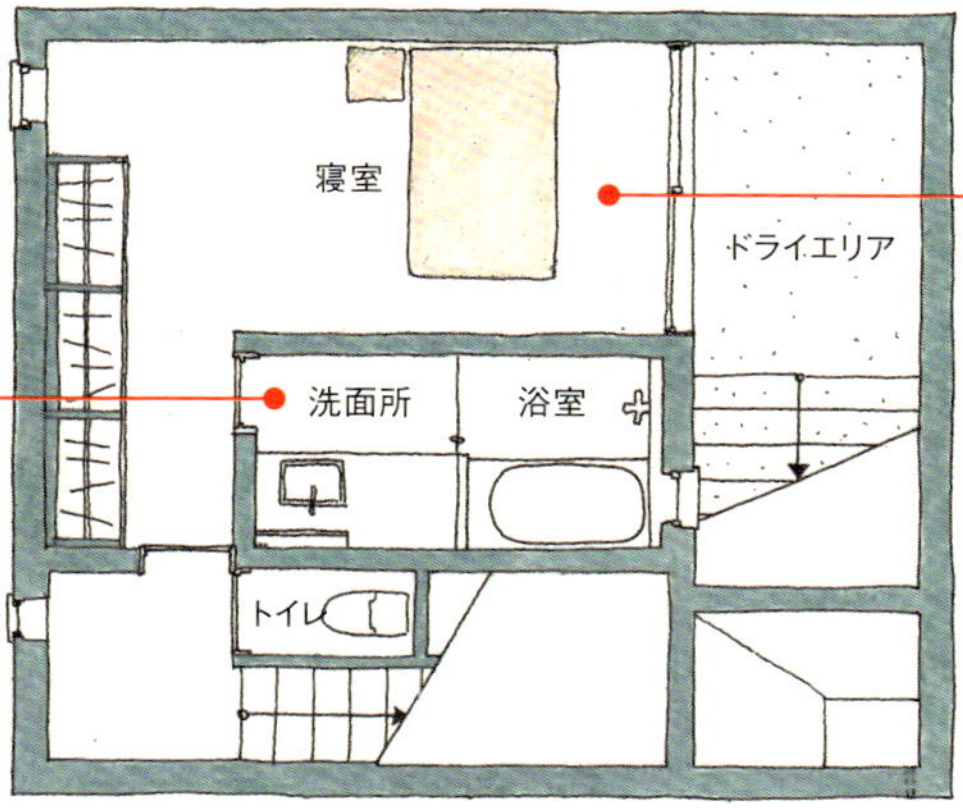

洗面所、浴室、寝室、クロゼットをまとめたことで動線が短く、寝る前の入浴や、朝の身支度がスムーズ。

妻の寝室。将来ギャラリーとして使えるよう、外階段を下りて掃き出し窓から出入りできるようにした。

所在地	東京都豊島区	敷地面積	64.67㎡(19.56坪)
地域地区	第1種中高層住居専用地域　準防火地域	建築面積	34.02㎡(10.29坪)
構造	木造在来工法+RC造 地下1階・地上2階建て	延べ床面積	98.32㎡(29.74坪) B1F:30.78㎡／1F:33.52㎡／2F:34.02㎡
構造設計	長坂設計工舎	竣工	2002年9月
施工	アール・ドゥ	家族構成	夫婦

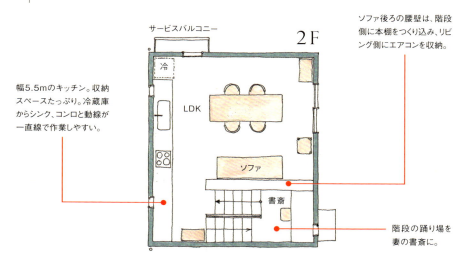

南沢の小住宅

武蔵野の面影が残る東京郊外の住宅地。小さな子どもがいること、料理好きのご夫婦のことを考えて設計。床はパインの無垢材、扉や窓は木製、壁と天井は大谷石入り漆喰と、経年変化を楽しめる素材を使用。ダイニングには、料理にも使える薪ストーブを設置。この住まいのシンボルになっています。

料理好きの楽しみが広がる、薪ストーブのある家

玄関入ってすぐリビングではなく、クランクさせて一拍たまりをつくり、奥行き感を出した。

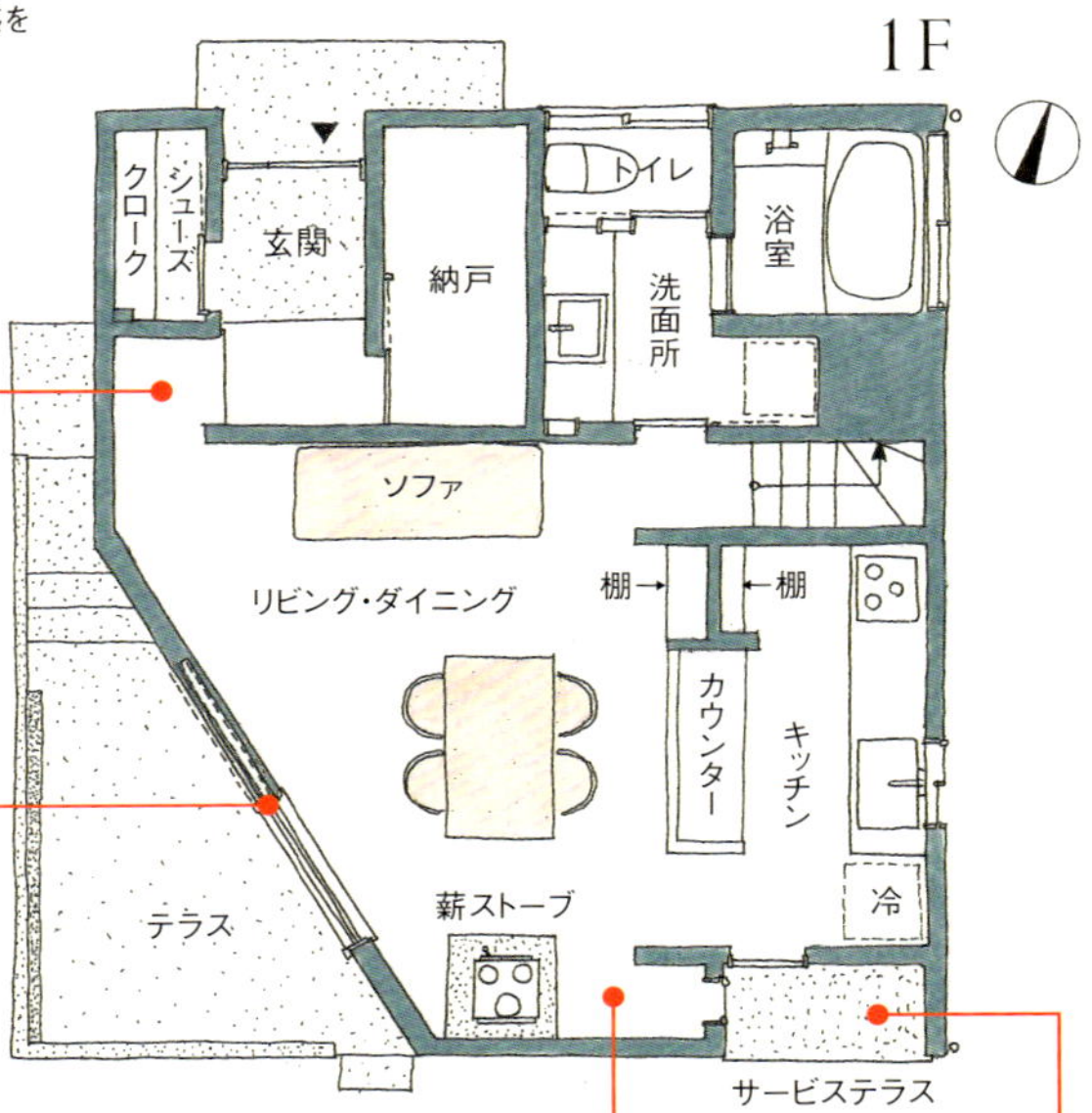

南側にテラスと庭をつくるために、南西角を斜めに切り取り、LDのメインの窓をここに。室内からテラス外側の庭の木々が見える。

薪ストーブの煙突を吹き抜けに垂直に施工し、天井高を強調。薪ストーブ横に凹みスペースをつくり、LD入口から見たときに奥行きを感じられるようにした。

勝手口兼、薪置き場。

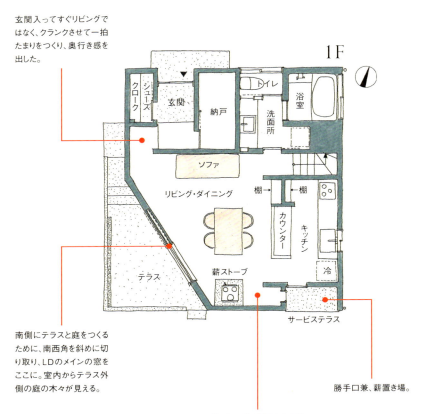

将来、家具や簡易壁で仕切るなど、自由な使い方ができるように、シンプルなつくりに。

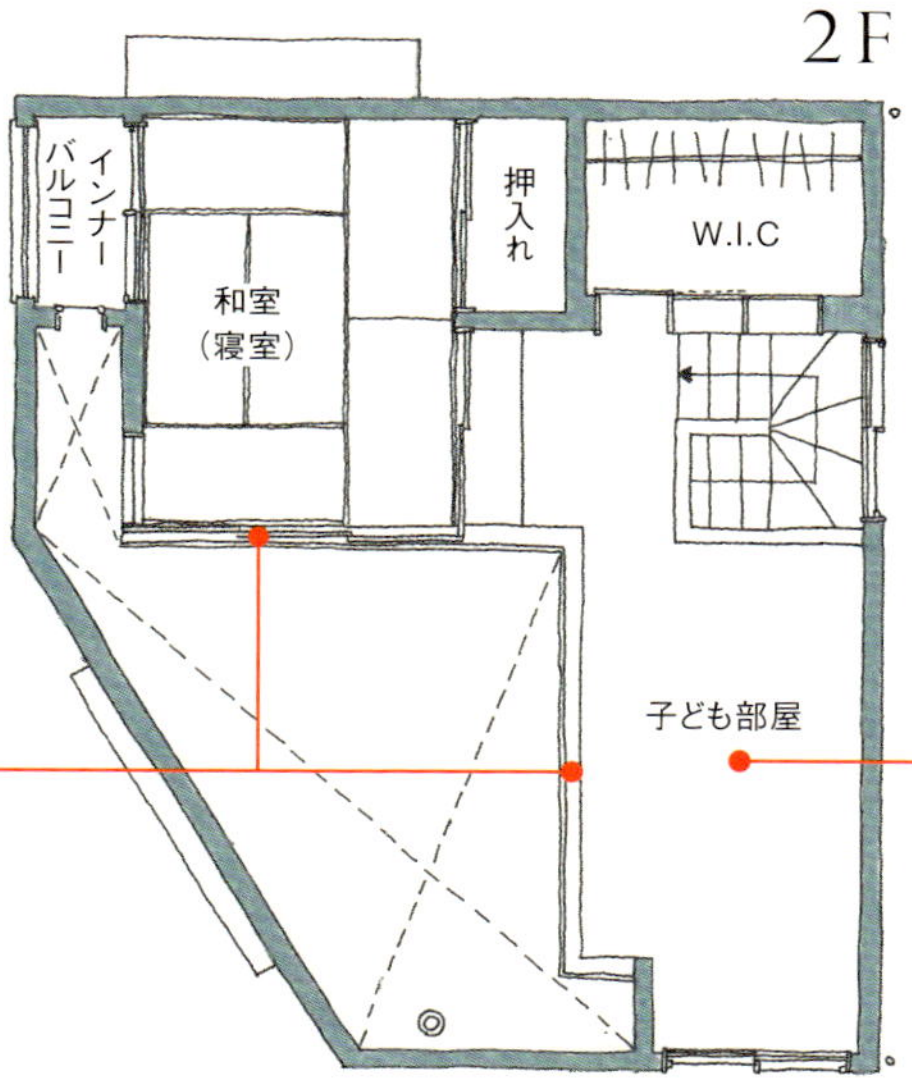

和室・子ども部屋は、腰壁で吹き抜けに面している。和室の腰壁上には、引き戸を付け、完全に仕切れるようにもした。

所在地	東京都東久留米市	敷地面積	112.18㎡(33.93坪)
地域地区	第1種低層住居専用地域	建築面積	50.65㎡(16.46坪)
構造	木造在来工法2階建て	延べ床面積	81.26㎡(24.58坪) 1F:48.54㎡/2F:32.72㎡
構造設計	長坂設計工舎	竣工	2012年8月
施工	木村工業	家族構成	夫婦、長女

30代夫婦と2人の子どものための木造3階建て。1階に寝室と水まわりをまとめ、2・3階は吹き抜けを介してつながっています。キッチンに隣接した書斎は、当面は子どもの勉強場所として使い、将来は夫婦の書斎に。3階はフレキシブルに使えるワンルームにし、子どもの成長に合わせて2部屋に仕切る予定。

椎名町の住まい

キッチンとつながる小さな書斎がある家

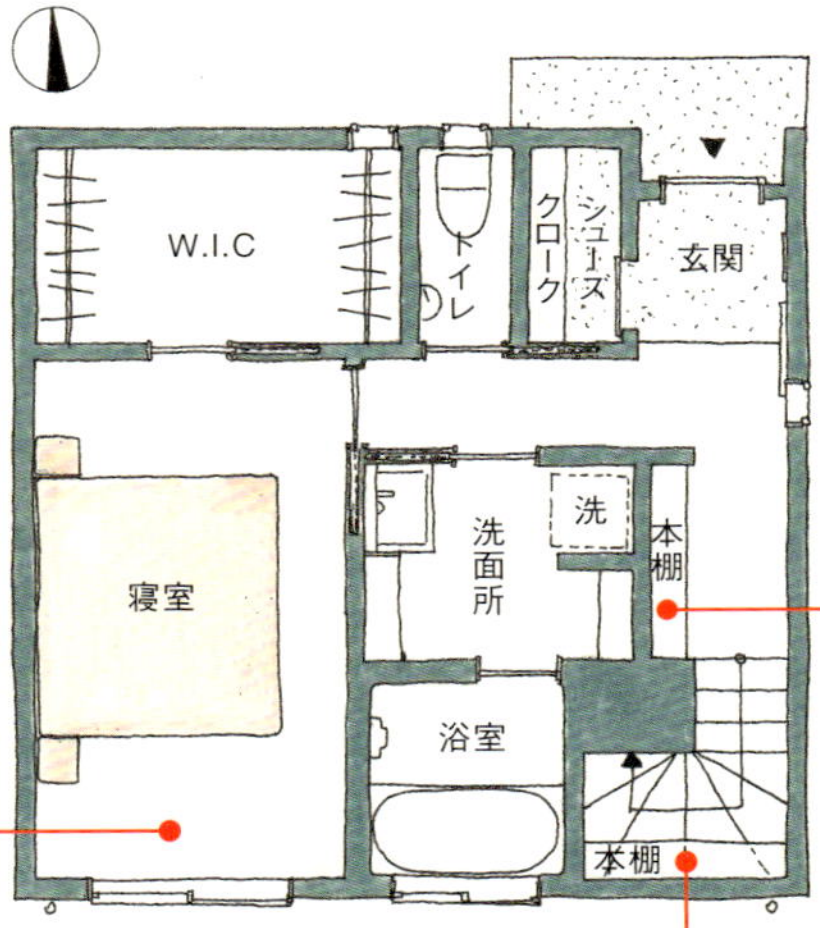

1F

勤務医の夫がぐっすり眠れるよう、寝室は防音対策を施している。

夫の趣味の本が多いため、廊下や階段に本棚を造作。面積の省スペース化を図りつつ収納場所を確保。

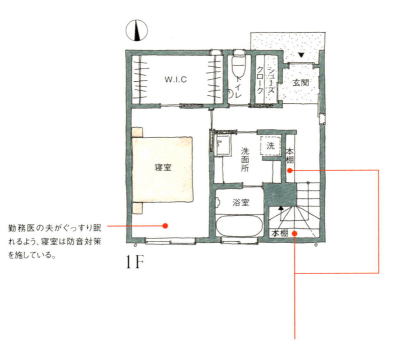

勾配屋根のデッドスペースを利用。

11畳のフリースペース。腰壁上の引き戸で吹き抜けと仕切れるようにした。将来は2部屋に分けて使う予定。

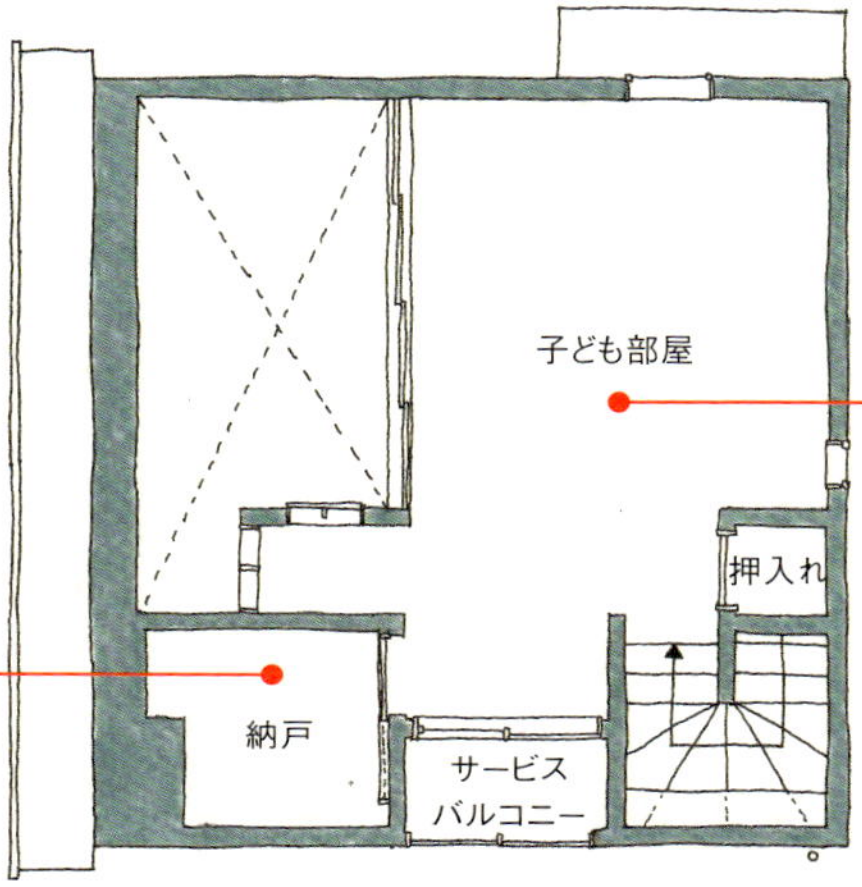

3F

いちばん眺めがいい場所を、家族が集まるダイニングに。ダイニング上は天井高4mの吹き抜けで、開放感がある。

借景を生かした小さめの窓。階段を上がるとまずこの窓が目に入り、気持ちがいい。

キッチンと小窓でつながっている2畳半ほどの半個室。子どもが勉強する様子を覗きながら料理ができる。将来は書斎にする予定。

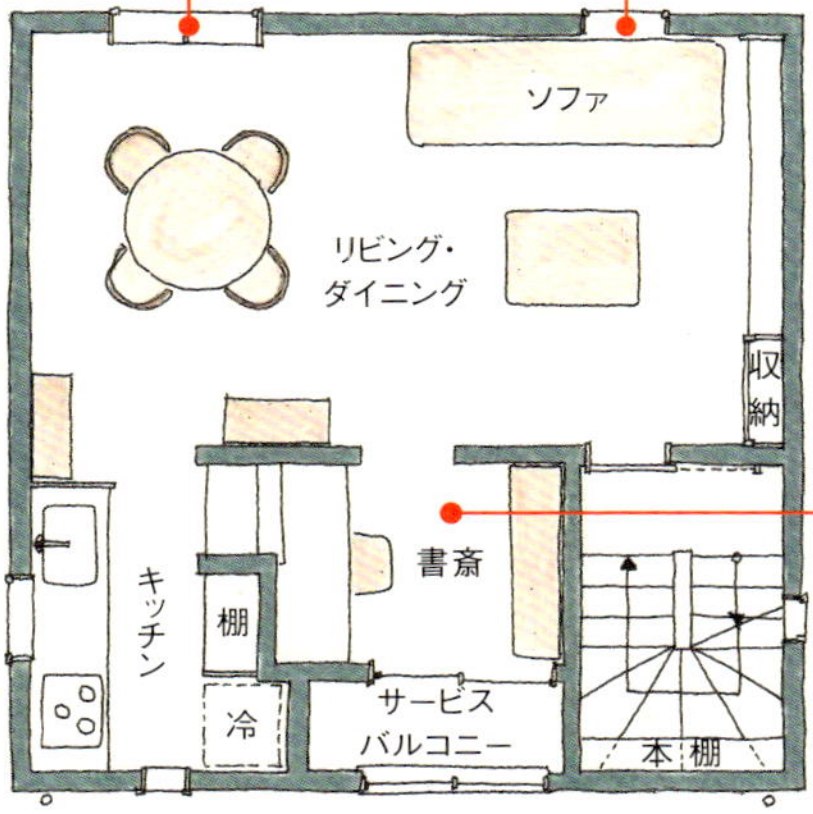

2F

所在地	東京都豊島区	敷地面積	78.18㎡(23.64坪)
地域地区	第1種中高層住居専用地域 準防火地域	建築面積	40.57㎡(12.27坪)
		延べ床面積	104.40㎡(31.58坪) 1F:39.95㎡／2F:38.50㎡／3F:25.94㎡
構造	木造在来工法3階建て		
構造設計	長坂設計工舎	竣工	2013年7月
施工	モノリス秀建	家族構成	夫婦、長女、長男

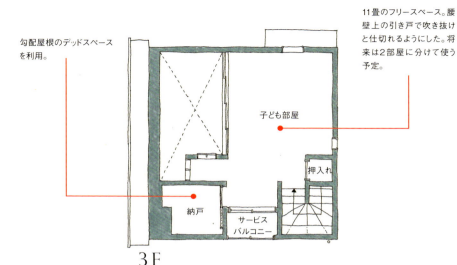

40代夫婦＋子どもが週末を過ごすための家。ご夫婦とも平日は多忙なため、休日は静かに時間を過ごしたり、趣味を楽しみたいと、この家を建てました。腰壁や段差で空間をゆるやかに仕切った一室空間。ストレスから解放されるよう、明るすぎず、落ち着いた空間づくりを心掛けました。

鎌倉の分居

家族が毎週末過ごす小さな別荘

1F

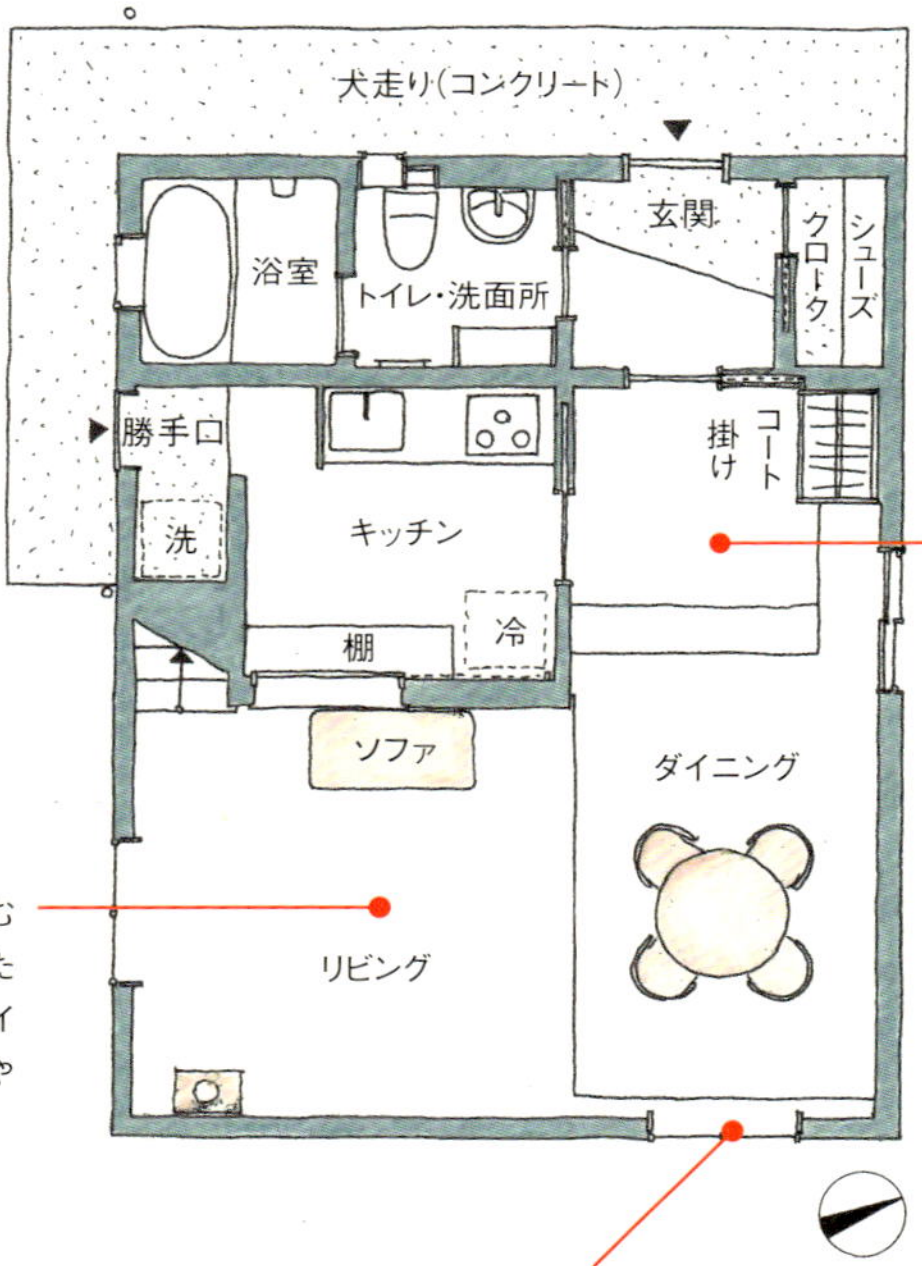

8畳のリビングは妻が好むバレエのDVD鑑賞をしたり、子どもが遊ぶ場に。ダイニングと段差をつけゆるやかに仕切った。

いちばん眺めのいい場所に、1段高いリビング床を延長させた“窓台”をつくり、ベンチのように腰掛けられる。

荷物置き場などに使う、4畳半の多目的スペース。ダイニングと仕切るために、2段の段差をつけている。

音楽好きの夫のためのオーディオルーム。広さは4畳半ほどで、腰壁で囲われている。吹抜けを介して家族の気配を感じつつ、ほどよいこもり感が得られる。

2F

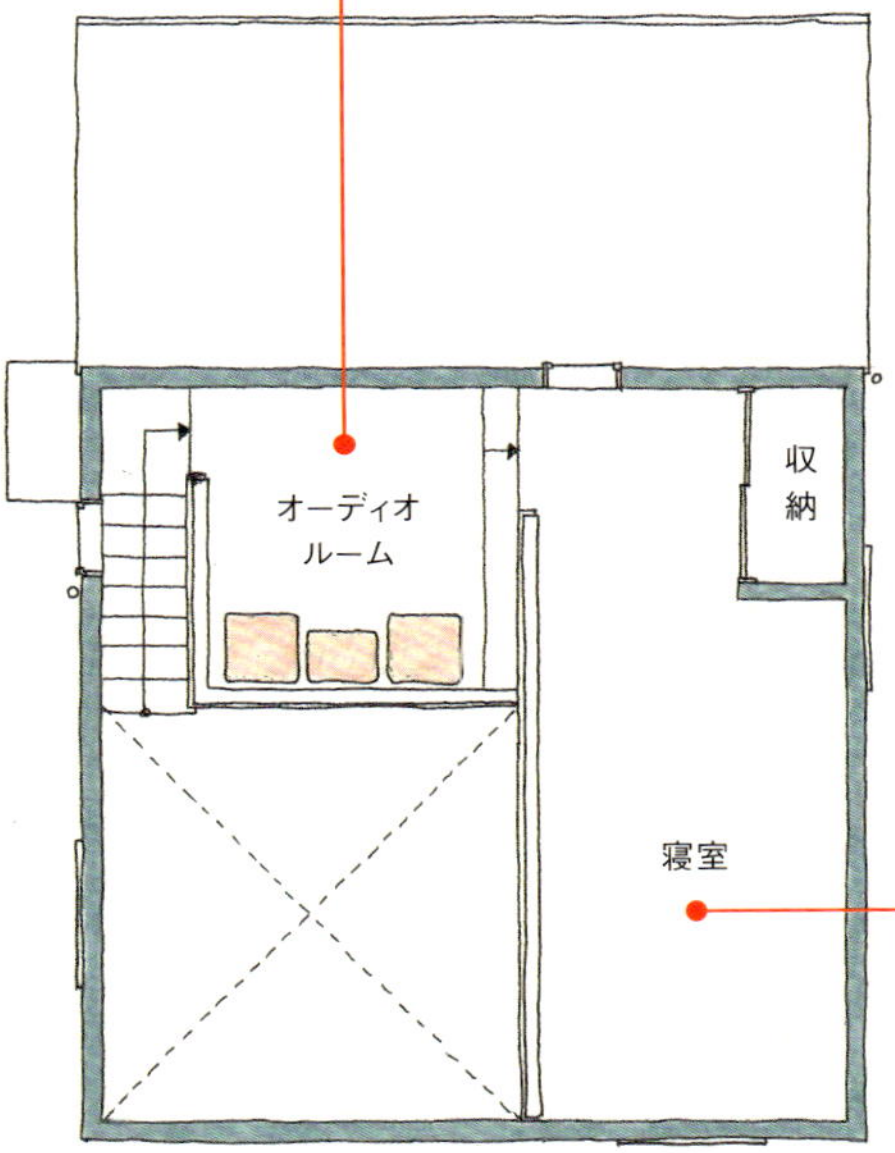

約10畳の寝室。フレキシブルに使えるよう、ベッドは置かず、家族みんなでふとんを敷いて寝ている。

所在地	神奈川県鎌倉市
地域地区	第1種低層住居専用地域 準防火地域
構造	木造在来工法2階建て
構造設計	長坂設計工舎
施工	木村工業
敷地面積	238.00㎡(71.99坪)
建築面積	53.44㎡(16.16坪)
延べ床面積	79.49㎡(24.04坪) 1F:52.17㎡／2F:27.32㎡
竣工	2014年7月
家族構成	夫婦、長男

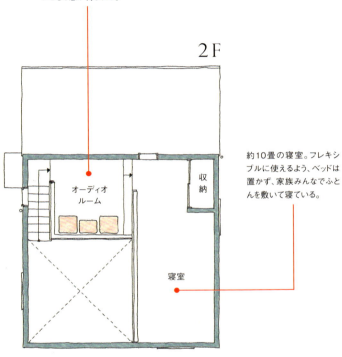

90代祖母と70代夫婦、40代長女の大人４人の住まい。それぞれが独立した個室での生活を基本とした間取りで、ダイニングが唯一の共有スペース。アプローチを兼ねた小さな庭をつくり、そこに平行させて設けたダイニングに大きな窓をとりました。また、将来の介護を見据えて、玄関ホールと洗面所は広めにつくりました。

小さな庭の家

家族のプライベートを尊重しつつ、介護を見据えた家

幅1間半、7畳のダイニング。幅3.6mの大きな窓を設け、開放感を演出。

将来の介護を想定し、車椅子でも出入りしやすいよう、玄関ホールを広めに。玄関入ってすぐのところに、祖母の個室を設けた。

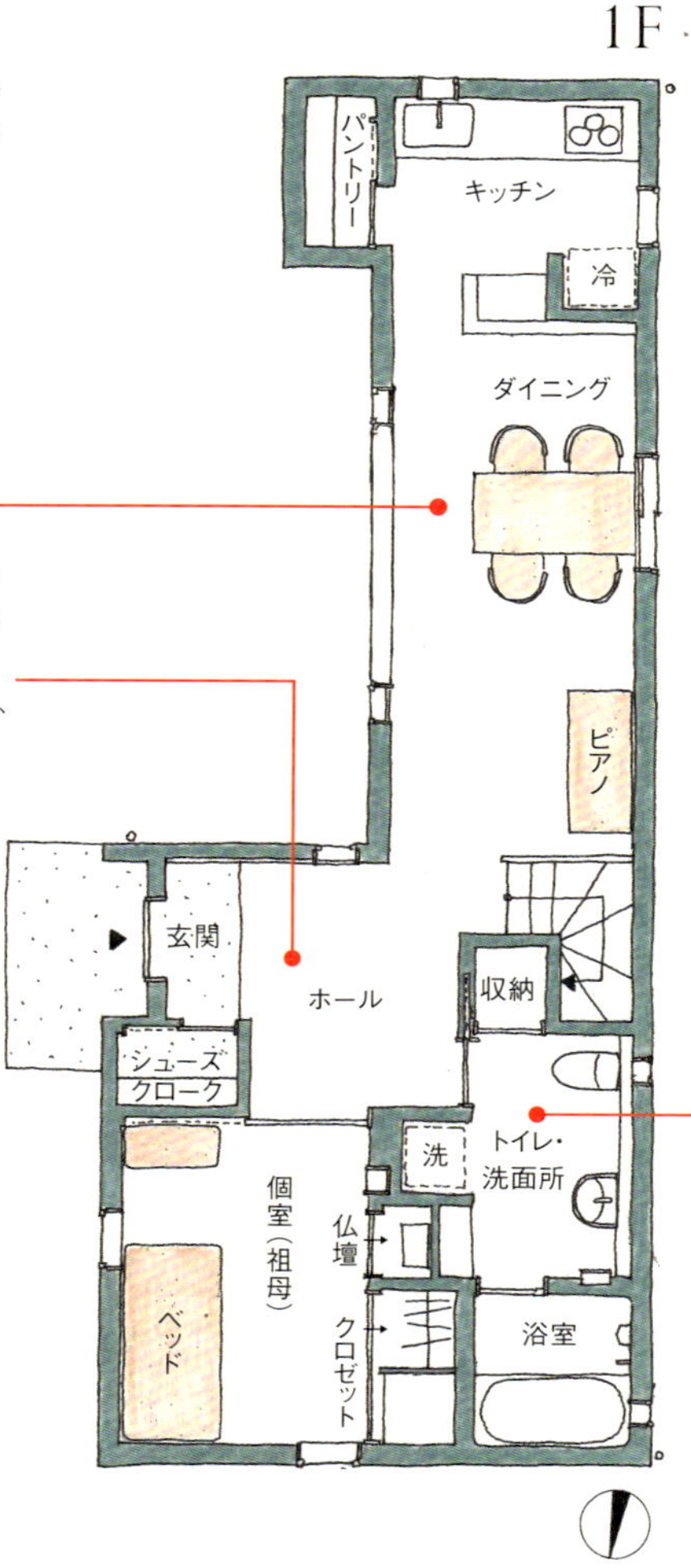

トイレ・洗面所も介護を見据えた位置と広さに。

2F

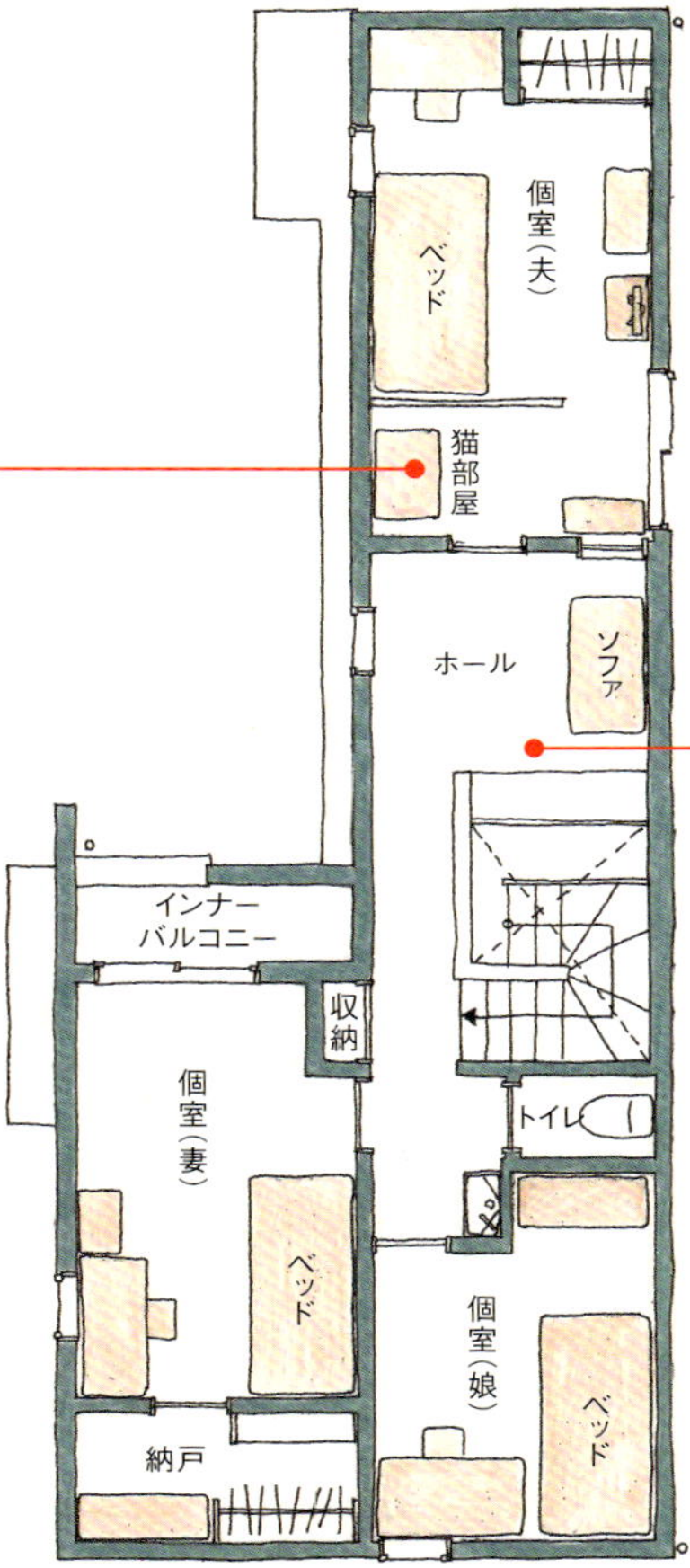

夫が飼っている猫3匹のための小部屋。ベッドとの間を1.5mのつい立てで仕切っている。

階段まわりに多目的な小ホールを設け、ここにソファを置き、家族がちょっと談笑できる場に。リビングがない住まいの小さなくつろぎ空間。

所在地	東京都練馬区	敷地面積	118.22㎡(35.76坪)
地域地区	第1種低層住居専用地域 準防火地域	建築面積	58.79㎡(17.78坪)
構造	木造在来工法2階建て	延べ床面積	112.61㎡(34.06坪) 1F:57.96㎡／2F:54.65㎡
構造設計	長坂設計工舎	竣工	2016年6月
施工	木村工業	家族構成	祖母、夫婦、長女

定年後の趣味と生活スタイルを兼ね備えた家

霧が丘の家

50代夫婦の住まい。仕事リタイア後、ギャラリーを開きたいという要望から、１階に多目的に使える12畳の土間スペースを。2階はＬＤＫと寝室をまとめた30畳の大空間としました。オーダーメイドの畳ベッドは、人を大勢呼んだとき、真ん中に移動させてベンチのように使うこともできます。

ギャラリーに来たお客様の休憩スペースや、泊まり客の寝室として使用。

1F

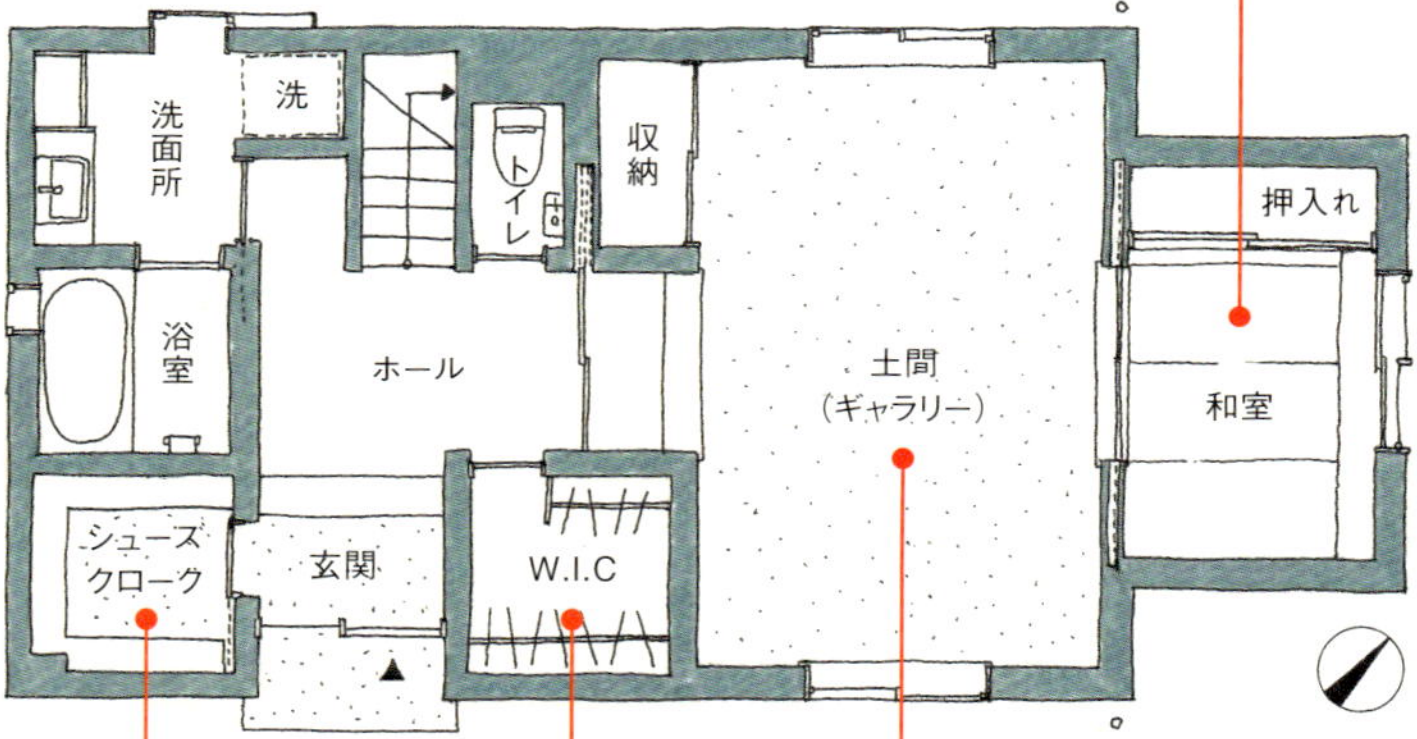

玄関の両サイドに、使いやすくてたっぷりしまえる1坪（2畳）の正方形収納庫を設ける。

12畳の土間。今は仕事の打ち合わせスペース。将来ギャラリーとして使う予定。玄関と並ぶ東南に、外からお客様が直接入れる開口部を設けた。

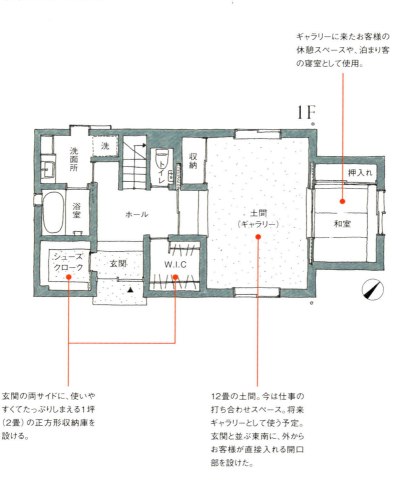

幅5.3mのキッチン。この南西面は道路が迫っていて開口部がとれないので、長いキッチンを配し、通換気の小窓を付けた。

寝室は設けず、畳ベッドにふとんを敷いて寝る。来客時にはベンチ代わりにもなる便利な家具。ふとん収納用のモダンな押入れをすぐそばに造作。

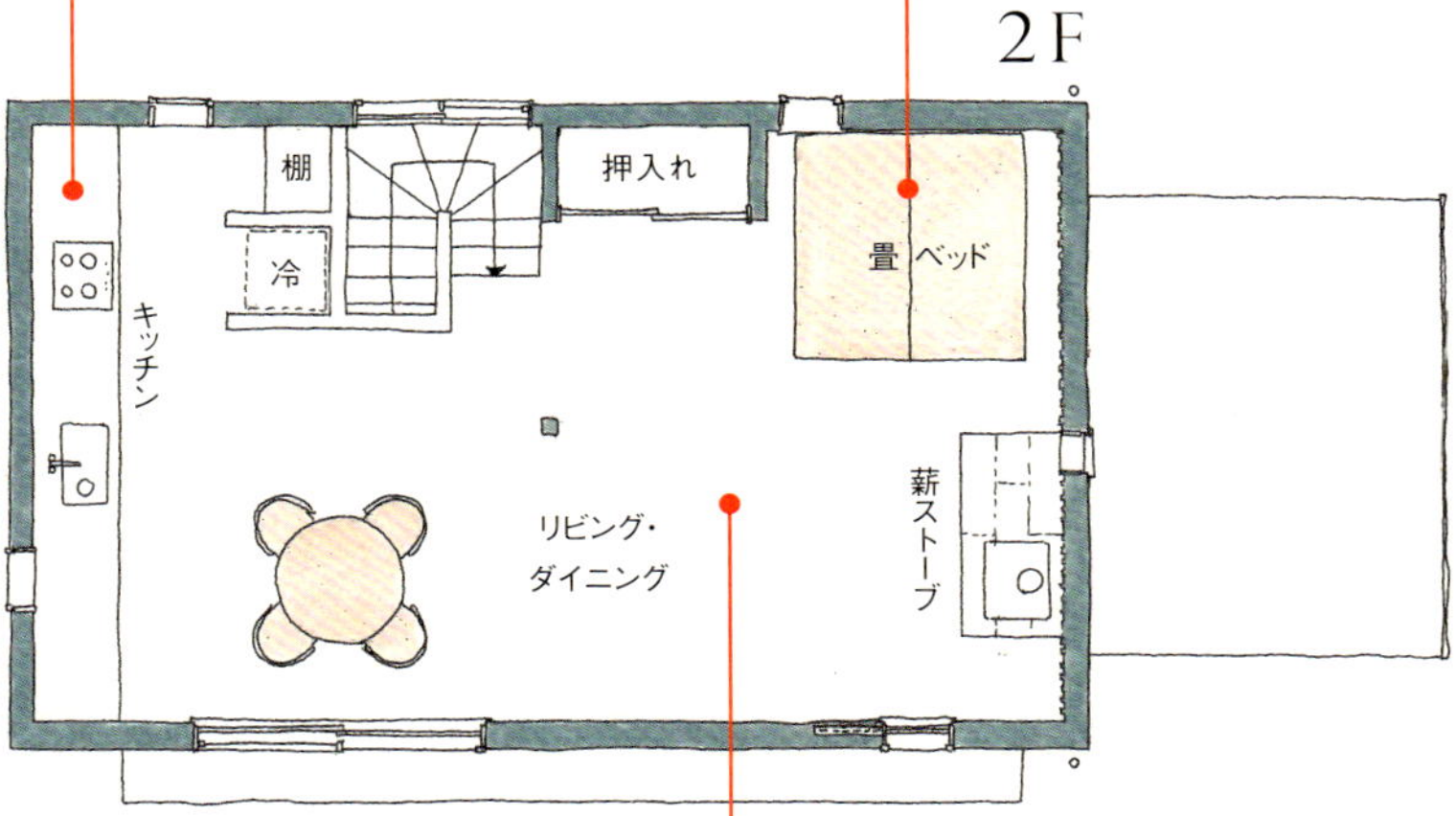

2階は広びろと、動線の効率もよく暮らせるよう、30畳のワンルームとした。

所在地	神奈川県横浜市	敷地面積	224.98㎡(68.05坪)
地域地区	第1種低層住居専用地域	建築面積	57.96㎡(17.53坪)
構造	木造在来工法2階建て	延べ床面積	106.82㎡(32.31坪) 1F:57.13㎡/2F:49.68㎡
構造設計	長坂設計工舎	竣工	2016年11月
施工	竹駒工務店	家族構成	夫婦

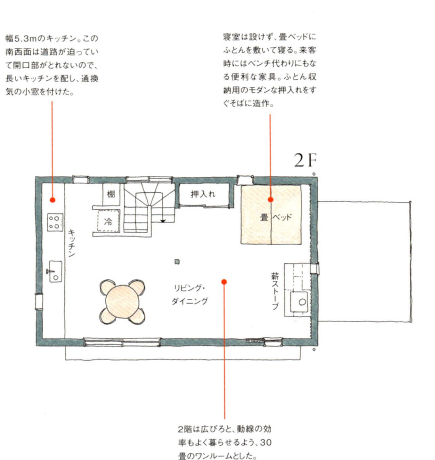

30代夫婦＋2人の子どもの住まい。家じゅうどこにいても家族の気配が感じられる、閉じられた部屋のない立体一室空間としました。アウトドア好きのご家族のために、玄関からダイニング、キッチンまでの床をモルタル塗りの土間に。ラフに多目的に使えるスペースが、暮らしの楽しみを広げます。

清瀬の小住宅

アクティブな家族のための、土間のある家

変形敷地に沿った斜めの壁のリビング。四角い間取りより奥行きが感じられ、天井は高さ4mの吹き抜け。延べ床面積76㎡ながら、狭さを感じさせない。

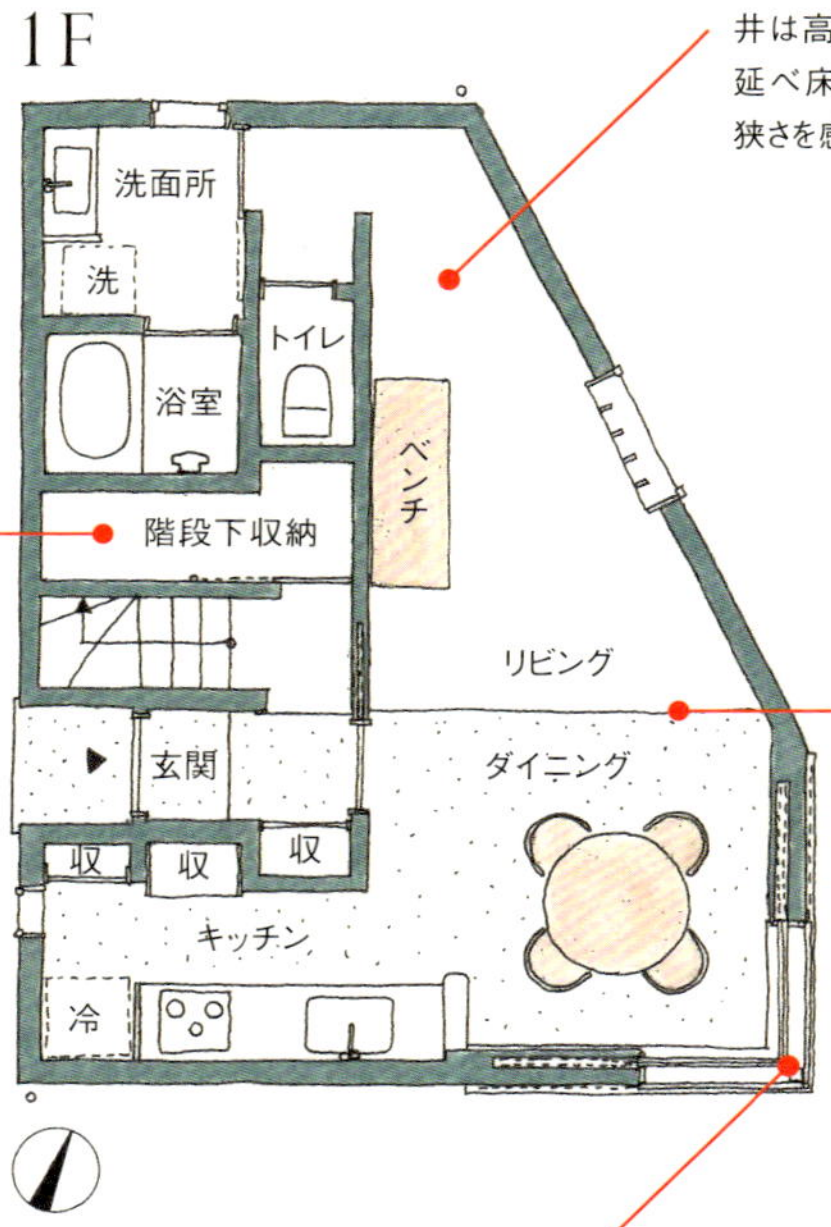

大きめの階段下収納は、夫の趣味のアウトドア道具の収納に。

眺めがよい東南角にダイニングを配し、フルオープン可能なコーナー窓を木製建具でつくった。

土間のダイニングは炭入りのモルタル塗り、リビングはナラ無垢フローリング、素材を替えてワンルームをエリア分け。

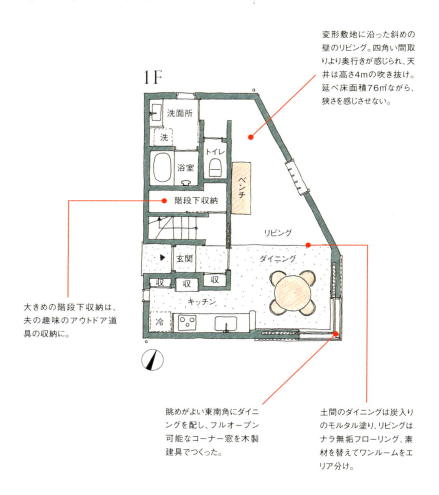

家族の寝室。吹き抜けに面して、この和室は高さ120cmの腰壁で、子ども部屋は高さ90cmの腰壁でゆるやかに仕切り、1階と立体的につなげている。

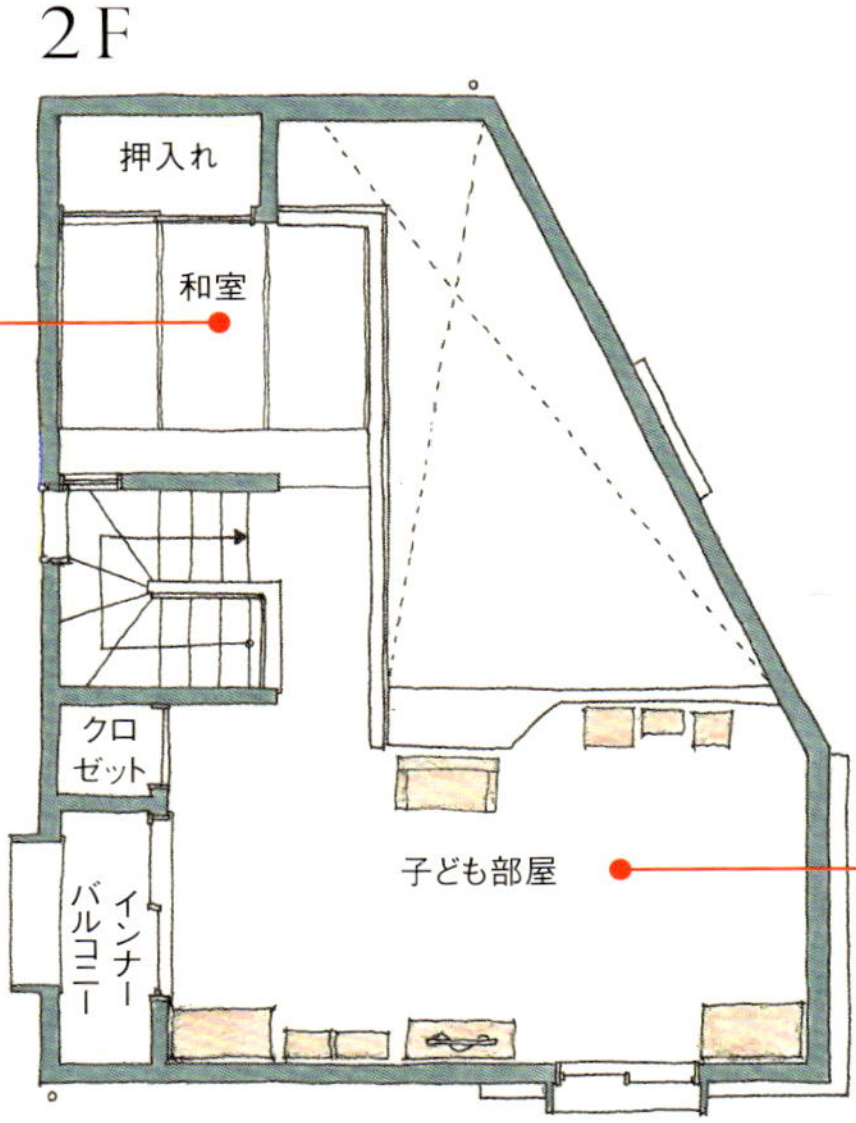

広さ10畳。将来は家具で仕切る予定。吹き抜けで1階とつながっているので、親子のコミュニケーションがとりやすい。

所在地	東京都清瀬市	敷地面積	96.07㎡(29.06坪)
地域地区	第1種低層住居専用地域 準防火地域	建築面積	44.71㎡(13.52坪)
構造	木造在来工法2階建て	延べ床面積	76.72㎡(23.20坪) 1F:43.65㎡／2F:33.07㎡
構造設計	長坂設計工舎	竣工	2017年3月
施工	木村工業	家族構成	夫婦、長男、長女

前面は細い道路で、工事のトラックがやっと入るほど。五角形の狭小地です。玄関は外階段から1.5m上がった場所に設け、半地下をつくり、延床面積約75m²の3層として計画しました。2階はＬＤＫにあて、天井高5.3ｍのダイナミックな空間に。唯一の抜けがある北西側にメインの窓をとり、ベンチを置いたリビングとしました。

恵比寿の五角形

都心の変形地に建つ、7坪×3フロアの住まい

1階はトイレ、浴室、洗面所をまとめ、動線が交差する玄関ホールを広めにとった。

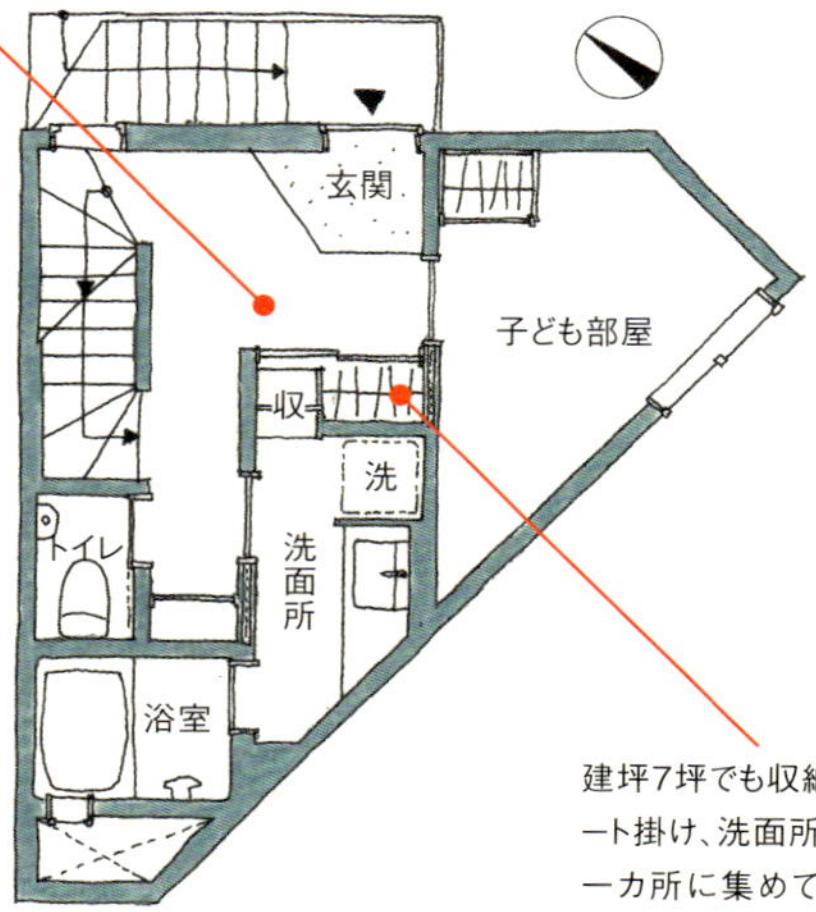

1F

建坪7坪でも収納充実。コート掛け、洗面所の収納を一カ所に集めてムダのないスペースどりに。

キッチンにも小窓を。視線の先に近所の木が見える位置。もちろん通気も兼ねている。

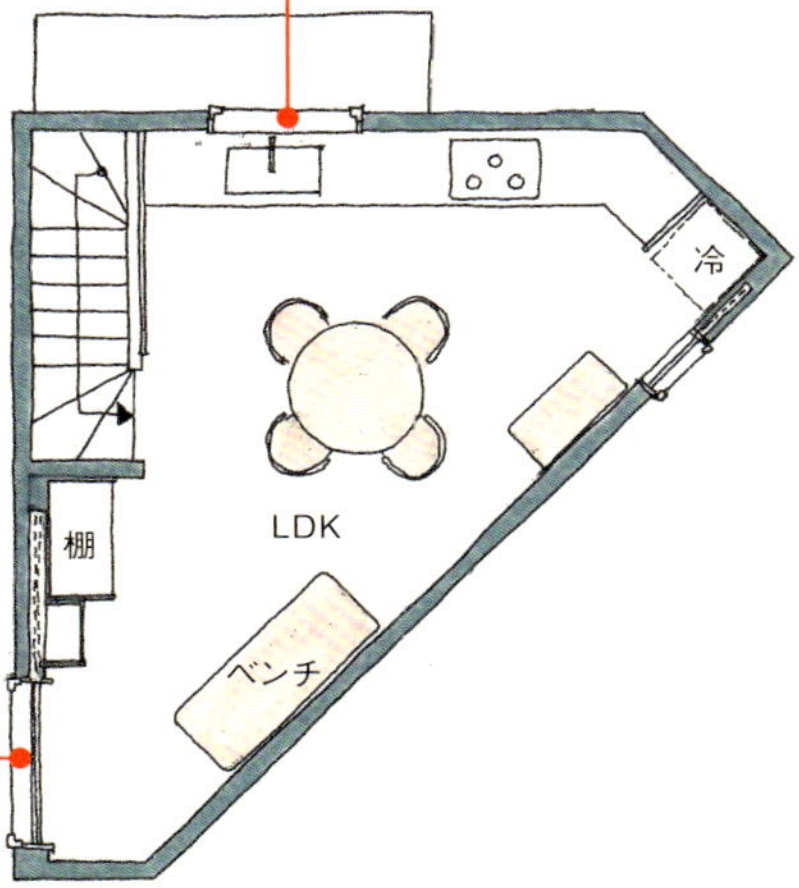

2F

唯一視線が抜ける北西側に大きめの窓をとり、リビングスペースに。ここだけ天井高1.9mと低くして、"こもり感"ある居心地に。

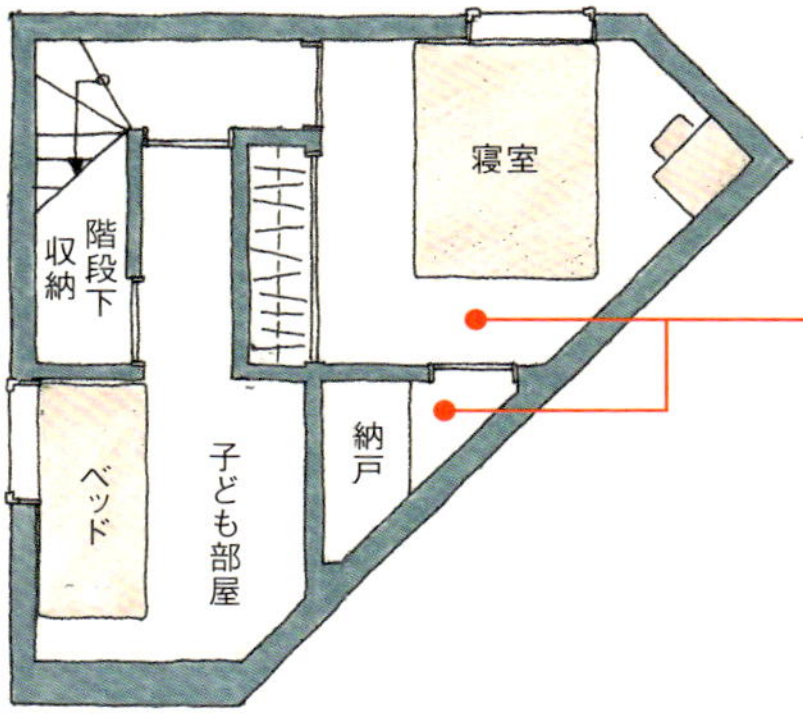

約5畳の夫婦の寝室。デスクは造り付け。納戸にはルームドライヤーを備え、地下フロアの湿気対策を。

B1F

所在地	東京都渋谷区	敷地面積	48.60㎡(14.70坪)
地域地区	準工業地域　準防火地域	建築面積	25.72㎡(7.78坪)
構造	木造在来工法地下1階・地上2階建て	延べ床面積	75.13㎡(22.72坪) 地下1F:24.71㎡／1F:24.71㎡／2F:25.71㎡
構造設計	長坂設計工舎	竣工	2017年4月
施工	モノリス秀建	家族構成	夫婦、長女、次女

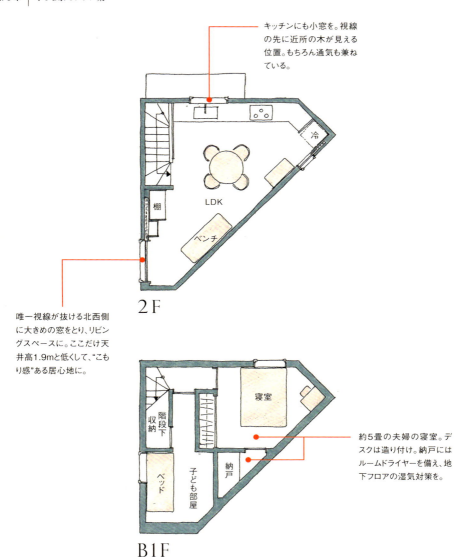

小さな家を建てる。
豊かな住まいをつくる60のヒント

若原一貴

わかはら・かずき　一級建築士。1971年東京生まれ。狭小地、密集地でもあらゆる手法を駆使し、難題をクリア。予算がなくても、それ以上の価値を感じられる、豊かで心地いい小さな家を設計し、多くの建主から信頼を得ている。また、「けんちくオタク」でもあり、外出ついでの建築さんぽは、Facebookでも好評。

1994　■日本大学芸術学部卒業。同年、株式会社 横河設計工房へ入社。
2000　■株式会社 若原アトリエを設立（http://www.wakahara.com）。
2003　■中国南京にて国際設計コンペ最優秀デザイン賞受賞。同年『あがり屋敷の家』にて第7回 WOOD ONE 実施作品コンペ入選。
2008　■『四季の森デンタルクリニック』にて日本木材青壮年団体連合会主催第11回 木材活用コンクール部門賞（第一部門）受賞。
2009　■『小日向の仕事場』にて第30回 INAX デザインコンテスト入賞。
2012　■『南沢の小住宅』で『hope& home アワード』を受賞。
2017　■『浅草の住宅』で第34回『住まいのリフォームコンクール優秀賞』を受賞。目黒区美術館ボランティア建築班、一般社団法人 東京建築アクセスポイント主催。
2019～　■日本大学芸術学部准教授。

2019年5月17日　初版第一刷発行

著　者　若原一貴
発行者　澤井聖一
発行所　株式会社エクスナレッジ
〒106-0032
東京都港区六本木 7-2-26
http://www.xknowledge.co.jp/
問い合わせ先
編　集　TEL 03-3403-6796
FAX 03-3403-1345
info@xknowledge.co.jp
販　売　TEL 03-3430-1321
FAX 03-3403-1829